AF275085

COLEX

Disfrute gratuitamente **DURANTE UN AÑO** de los eBook y audiolibros de las obras de Editorial Colex*

⊛ Acceda a la página web de la editorial **www.colex.es**

⊛ Identifíquese con su usuario y contraseña. En caso de no disponer de una cuenta regístrese.

⊛ Acceda en el menú de usuario a la pestaña «Mis códigos» e introduzca el que aparece a continuación:

RASCAR PARA VISUALIZAR EL CÓDIGO

⊛ Una vez se valide el código, aparecerá una ventana de confirmación y su eBook y/o audiolibro estará disponible **durante 1 año desde su activación** en la pestaña «Mis libros» en el menú de usuario.

---

* Los audiolibros están disponibles en las ediciones más recientes de nuestras obras. Se excluyen expresamente las colecciones «Códigos comentados», «Biblioteca digital» y los productos de www.vademecumlegal.es.

No se admitirá la devolución si el código promocional ha sido manipulado y/o utilizado.

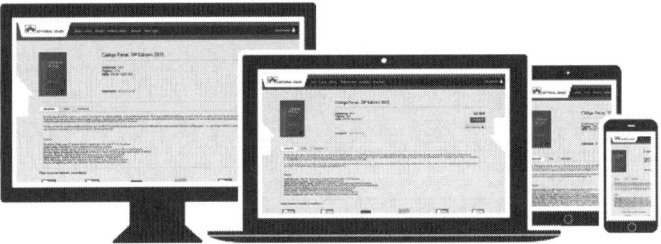

¡Gracias por confiar en nosotros!

La obra que acaba de adquirir incluye de forma gratuita la versión electrónica. Acceda a nuestra página web para aprovechar todas las funcionalidades de las que dispone en nuestro lector.

Funcionalidades eBook

Acceso desde cualquier dispositivo con conexión a internet

Idéntica visualización a la edición de papel

Navegación intuitiva

Tamaño del texto adaptable

Síguenos en: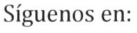

SUBSIDIO POR DESEMPLEO

Conozca todas las claves sobre la prestación
no contributiva por desempleo

SUBSIDIO POR DESEMPLEO

Conozca todas las claves sobre la prestación
no contributiva por desempleo

EDICIÓN 2024

Obra realizada por el Departamento de Documentación de Iberley

COLEX 2024

Copyright © 2024

© Editorial Colex, S.L.
Calle Costa Rica, número 5, 3.º B (local comercial)
A Coruña, 15004, A Coruña (Galicia)
info@colex.es
www.colex.es

I.S.B.N.: 978-84-1194-606-3
Depósito legal: 1406-2024

SUMARIO

**ANEXO I.
CASOS PRÁCTICOS**

ANEXO II.
FORMULARIOS

0.
INTRODUCCIÓN Y PRINCIPALES MODIFICACIONES DEL REAL DECRETO-LEY 2/2024, DE 21 DE MAYO

El subsidio por desempleo es una ayuda económica destinada a aquellos **trabajadores que no cumplen con los requisitos para acceder a la prestación contributiva por desempleo**.

En el entramado de la seguridad social española, la prestación no contributiva por desempleo emerge como un pilar fundamental en la protección de aquellos individuos más vulnerables dentro del mercado laboral. Este tipo de prestación, diseñada para asistir a quienes no cumplen con los requisitos para acceder a las prestaciones contributivas por desempleo, principalmente debido a la insuficiencia de cotizaciones, representa un compromiso del Estado con la inclusión social y la lucha contra la pobreza.

La relevancia de esta ayuda se magnifica en contextos de crisis económica o cambios estructurales en el mercado de trabajo, donde el desempleo afecta de manera desproporcionada a los sectores más desfavorecidos de la sociedad. En este escenario, la prestación no contributiva por desempleo no solo ofrece un soporte económico temporal, sino que también actúa como una herramienta de cohesión social, mitigando los efectos de la exclusión laboral.

El subsidio a nivel asistencial o no contributivo **abarca diversas situaciones**, incluyendo a quienes han agotado la prestación por desempleo y tienen responsabilidades familiares, a los que no han generado la cotización suficiente para la prestación contributiva, emigrantes retornados, víctimas de violencia de género o sexual o mayores de 52 años que no se reinsertan en el mercado laboral.

Junto a los **requisitos generales** para acceder al subsidio, que incluyen haber agotado la prestación por desempleo, no tener cotizaciones suficientes para la prestación contributiva, estar inscrito como demandante de empleo, no rechazar ofertas de trabajo adecuadas, participar en actividades de formación y no tener rentas superiores al 75 % del SMI, encontramos otros específicos para las distintas modalidades.

La solicitud puede realizarse telemáticamente o en oficinas del SPEE, y la **cuantía** generalmente es del 80 % del IPREM, con duraciones que varían según el tipo de subsidio. Específicamente, para mayores de 52 años, el subsidio cotiza a la Seguridad Social en concepto de jubilación.

Como reiteraremos a lo largo de la obra, mediante el Real Decreto-ley 2/2024, de 21 de mayo, se realizaba una profunda reforma de la prestación por desempleo a nivel asistencial. A pesar de que las distintas novedades se realizan **con efectos de 23/05/2024**, de conformidad con la D.T. 1.ª del citado Real Decreto-ley, las nuevas previsiones serán aplicables **para las prestaciones posteriores al 01/11/2024**, por lo que los derechos reconocidos antes de esa fecha se mantienen con la normativa anterior hasta su extinción. (Revista Iberley. RDL 2/2024: las 15 claves de la reforma del subsidio por desempleo. 24/05/2024).

Categorías, niveles de desempleo y acción protectora

El art. 262 de la LGSS define la prestación por desempleo como la protección de quienes, pudiendo y deseando trabajar, pierden su empleo, de forma temporal o definitiva, o se les reduce, temporalmente, su jornada laboral en una tercera parte (como mínimo) con la correspondiente reducción de salario.

Para el acceso a esta prestación es necesario cumplir los requisitos legalmente establecidos y, dado que a nivel contributivo su financiación se basa en la cotización de trabajadores, empresarios y aportaciones del Estado, la cotización previa del trabajador al sistema de la Seguridad Social por esta contingencia.

La protección por desempleo se clasifica en **dos categorías principales: total y parcial**. La primera se aplica a quienes cesan completamente en su actividad laboral, mientras que la segunda atiende a aquellos cuya jornada de trabajo se reduce temporalmente entre un 10 % y un 70 %, con una disminución proporcional del salario. Este sistema dual busca adaptarse a las variadas circunstancias que pueden llevar a un trabajador a enfrentarse al desempleo, ya sea de manera total o parcial (arts. 262.2 de la LGSS).

Además, la protección se divide en **dos niveles: contributivo y asistencial**. El nivel contributivo se dirige a trabajadores que, tras perder su empleo, reciben una prestación basada en su historial de cotización (arts. 266 y ss. de la LGSS). Por otro lado, el nivel asistencial (art. 274 y ss. de la LGSS) ofrece un soporte a aquellos en situaciones específicas, como haber agotado la prestación por contributiva por desempleo, no tener cotizaciones suficientes para lucra la prestación contributiva, ser emigrante retornado, víctima de violencia de género, o ser mayor de 52 años cumpliendo ciertos requisitos.

La **protección** por desempleo comprenderá las prestaciones siguientes:

Nivel contributivo	Prestación por desempleo total o parcial. Abono de la aportación de la empresa correspondiente a las cotizaciones a la Seguridad Social durante la percepción de las prestaciones por desempleo (salvo en los supuestos previstos en el art. 273.2 de la LGSS).
Nivel asistencial	Subsidio por desempleo. Abono de la cotización a la Seguridad Social correspondiente a la contingencia de jubilación durante la percepción del para mayores de 52 años (art. 280 de la LGSS). Derecho a las prestaciones de asistencia sanitaria y, en su caso, a las prestaciones familiares, en las mismas condiciones que los trabajadores incluidos en algún régimen de Seguridad Social.

La acción protectora comprenderá, además, **acciones específicas** de formación, perfeccionamiento, orientación, reconversión e inserción profesional en favor de los trabajadores desempleados y aquellas otras que tengan por objeto el fomento del empleo estable. Todo ello sin perjuicio, en su caso, de las competencias de gestión de las políticas activas de empleo que se desarrollarán por la Administración General del Estado o por la Administración Autonómica correspondiente, de acuerdo con la normativa de aplicación. En concreto, las políticas activas de empleo pueden comprender la concesión de subvenciones públicas (art. 36.3 del citado texto refundido de la Ley básica de empleo), y así ha sido en el caso de las ayudas económicas de acompañamiento previstas en los programas de recualificación profesional de las personas que agoten su protección por desempleo y de activación para el empleo, (denominados «Prepara» y PAE), que fueron objeto de las SSTC 100/2017, 153/2017, 156/2017 y 40/2019.

Por su parte, en la acción protectora de la protección por desempleo, de nivel contributivo o asistencial, están comprendidas, «(...) además, acciones específicas de formación, perfeccionamiento, orientación, reconversión e inserción profesional en favor de los trabajadores desempleados y aquellas otras que tengan por objeto el fomento del empleo estable. Todo ello sin perjuicio, en su caso, de las competencias de gestión de las políticas activas de empleo que se desarrollarán por la Administración General del Estado o por la Administración Autonómica correspondiente, de acuerdo con la normativa de aplicación» (art. 265.2 de la LGSS y STC n.º 133/2019, ECLI:ES:TC:2019:133).

Los trabajadores que provengan de los países miembros del Espacio Económico Europeo, o de los países con los que exista convenio de protección por desempleo, obtendrán las prestaciones por desempleo en la forma prevista en las normas de la Unión Europea o en los convenios correspondientes.

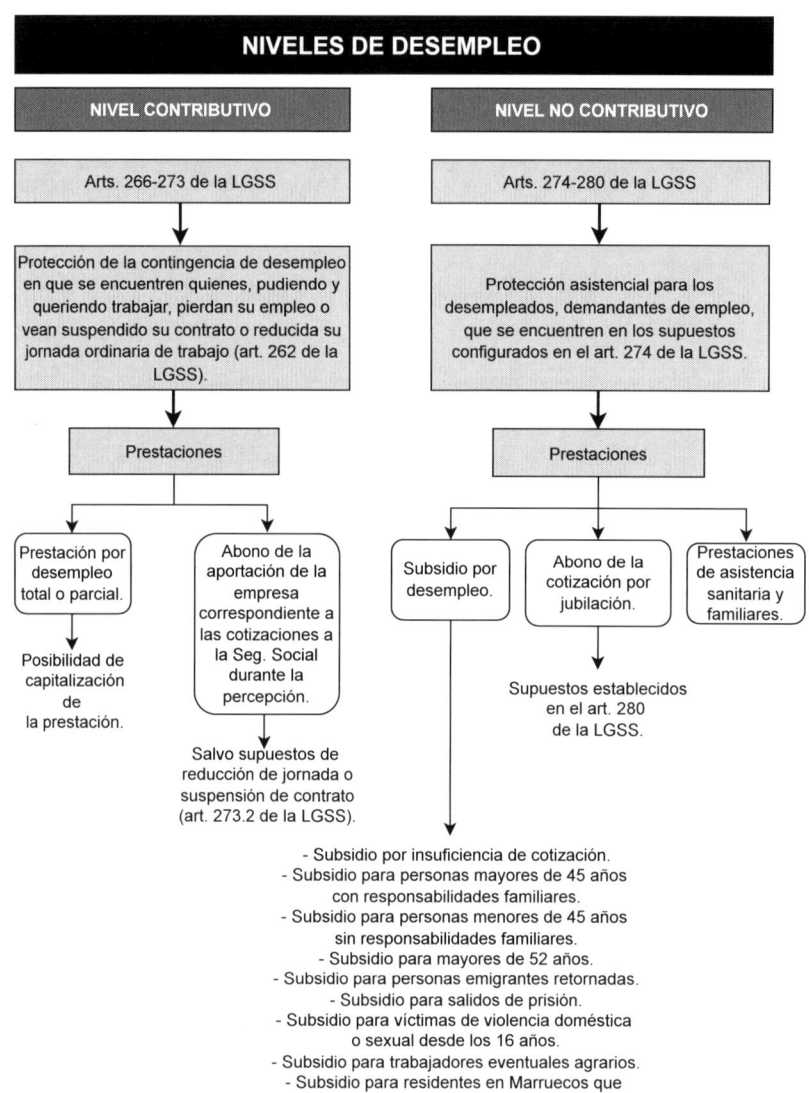

«La actora había realizado la totalidad de su actividad laboral, es decir el 73,97 % de jornada, correspondiente a 270 días, cuando solicitó prestaciones por desempleo. No ha habido suspensión de contrato ni reducción de jornada ya que la actora realizó la totalidad de la jornada para la que había sido contratada, percibiendo la pertinente retribución, no constituyendo situación legal de desempleo el resto de jornada hasta alcanzar la jornada a tiempo completo. En efecto, si su contrato es indefinido a tiempo parcial, una vez realizado el periodo de parcialidad convenido, no se genera situación legal de desempleo. Atendiendo a lo establecido en el artículo 262.2 y 3 de la LGSS, la actora no se encuentra en situación de desempleo total ni parcial y, al no haberlo entendido así la sentencia recurrida, procede la estimación del recurso formulado».

STS, rec. 2328/1996, de 24 de febrero de 1997, ECLI:ES:TS:1997:1290

«(...) concurre desempleo parcial cuando el trabajador vea reducida temporalmente su jornada de trabajo, al menos en una tercera parte, siempre que el salario sea objeto de análoga reducción. Es verdad que el adverbio temporalmente que figura en el enunciado normativo parece estar referido en una primera aproximación a la duración de la reducción de la jornada, lo que significaría reducción de duración limitada de la jornada de trabajo, y no a la extensión de la jornada que es objeto de reducción, lo que significaría reducción en la duración o extensión de la jornada de trabajo. Esta última significación es redundante, y parece por ello contrariar la presunción del legislador cuidadoso en el uso del lenguaje. Pero lo cierto es que la primera de estas alternativas de interpretación, que excluye de la protección del desempleo parcial a la reducción de jornada por tiempo indefinido, debe ser descartada por razones hermenéuticas muy poderosas».

STSJ de Aragón n.º 519/2003, de 7 de mayo de 2003, ECLI:ES:TSJAR:2003:1399

Situación de desempleo total temporal y suspensión de contratos: el TSJ manifiesta que estamos ante situación de desempleo total temporal, que —reuniendo los requisitos— genera el derecho del trabajador a la correspondiente prestación sustitutoria de las rentas dejadas de percibir. No puede haber, en casos como el presente, días en que ni se reciba retribución, por acción de la suspensión, ni reuniendo los requisitos, prestación por desempleo. En la situación analizada, la empresa retribuyó (en los meses en que hizo uso de alguno de los días de suspensión) en función de las jornadas de trabajo que no se vieron afectadas por la suspensión, lo que produjo el equivalente a 1,4659 «días de no retribución» por cada jornada de trabajo efectivo no realizada por los trabajadores, por acción de la suspensión. Por ello, si se aplicase el coeficiente 1,25 resultaría, en definitiva, que el equivalente a 3,71 días quedaba sin cobertura retributiva y, también, sin cobertura de la prestación correspondiente a esos días de desocupación. El régimen retributivo seguido por la empresa quedó confirmado por sentencia de instancia.

Novedades en el subsidio por desempleo

Mediante el **Real Decreto-ley 2/2024, de 21 de mayo** (BOE 22/05/2024) —y tras el anterior intento mediante el Real Decreto-ley 7/2023, de 19 de diciembre que no fue convalidado por el congreso—, se realizaba una profunda reforma de la prestación por desempleo a nivel asistencial. Esta reforma se lleva a cabo con la modificación de los arts. 274, 275, 276, 277, 278, 279, 280, 282, 286, 287, 299 de la LGSS e introduciendo una serie de disposiciones adicionales y transitorias para la adecuación del mismo.

A modo esquemático resumimos las distintas modificaciones que hubiese supuesto el Real Decreto-ley 7/2023, de 19 de diciembre:

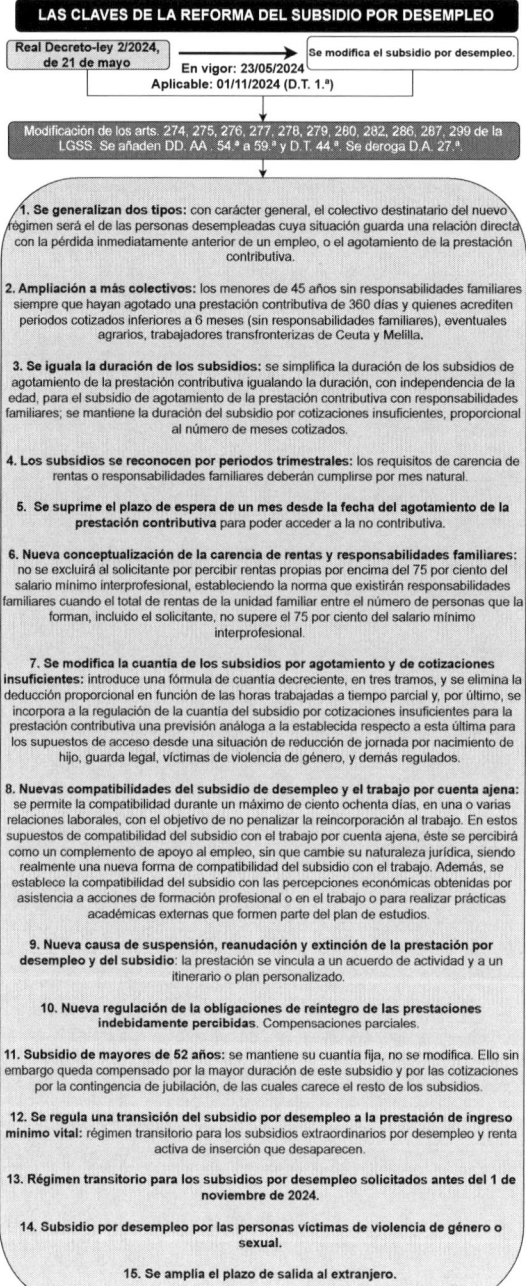

LAS CLAVES DE LA REFORMA DEL SUBSIDIO POR DESEMPLEO

Real Decreto-ley 2/2024, de 21 de mayo → Se modifica el subsidio por desempleo.

En vigor: 23/05/2024
Aplicable: 01/11/2024 (D.T. 1.ª)

Modificación de los arts. 274, 275, 276, 277, 278, 279, 280, 282, 286, 287, 299 de la LGSS. Se añaden DD. AA. 54.ª a 59.ª y D.T. 44.ª. Se deroga D.A. 27.ª.

1. **Se generalizan dos tipos:** con carácter general, el colectivo destinatario del nuevo régimen será el de las personas desempleadas cuya situación guarda una relación directa con la pérdida inmediatamente anterior de un empleo, o el agotamiento de la prestación contributiva.

2. **Ampliación a más colectivos:** los menores de 45 años sin responsabilidades familiares siempre que hayan agotado una prestación contributiva de 360 días y quienes acrediten periodos cotizados inferiores a 6 meses (sin responsabilidades familiares), eventuales agrarios, trabajadores transfronterizas de Ceuta y Melilla.

3. **Se iguala la duración de los subsidios:** se simplifica la duración de los subsidios de agotamiento de la prestación contributiva igualando la duración, con independencia de la edad, para el subsidio de agotamiento de la prestación contributiva con responsabilidades familiares; se mantiene la duración del subsidio por cotizaciones insuficientes, proporcional al número de meses cotizados.

4. **Los subsidios se reconocen por periodos trimestrales:** los requisitos de carencia de rentas o responsabilidades familiares deberán cumplirse por mes natural.

5. **Se suprime el plazo de espera de un mes desde la fecha del agotamiento de la prestación contributiva** para poder acceder a la no contributiva.

6. **Nueva conceptualización de la carencia de rentas y responsabilidades familiares:** no se excluirá al solicitante por percibir rentas propias por encima del 75 por ciento del salario mínimo interprofesional, estableciendo la norma que existirán responsabilidades familiares cuando el total de rentas de la unidad familiar entre el número de personas que la forman, incluido el solicitante, no supere el 75 por ciento del salario mínimo interprofesional.

7. **Se modifica la cuantía de los subsidios por agotamiento y de cotizaciones insuficientes:** introduce una fórmula de cuantía decreciente, en tres tramos, y se elimina la deducción proporcional en función de las horas trabajadas a tiempo parcial y, por último, se incorpora a la regulación de la cuantía del subsidio por cotizaciones insuficientes para la prestación contributiva una previsión análoga a la establecida respecto a esta última para los supuestos de acceso desde una situación de reducción de jornada por nacimiento de hijo, guarda legal, víctimas de violencia de género, y demás regulados.

8. **Nuevas compatibilidades del subsidio de desempleo y el trabajo por cuenta ajena:** se permite la compatibilidad durante un máximo de ciento ochenta días, en una o varias relaciones laborales, con el objetivo de no penalizar la reincorporación al trabajo. En estos supuestos de compatibilidad del subsidio con el trabajo por cuenta ajena, éste se percibirá como un complemento de apoyo al empleo, sin que cambie su naturaleza jurídica, siendo realmente una nueva forma de compatibilidad del subsidio con el trabajo. Además, se establece la compatibilidad del subsidio con las percepciones económicas obtenidas por asistencia a acciones de formación profesional o en el trabajo o para realizar prácticas académicas externas que formen parte del plan de estudios.

9. **Nueva causa de suspensión, reanudación y extinción de la prestación por desempleo y del subsidio:** la prestación se vincula a un acuerdo de actividad y a un itinerario o plan personalizado.

10. **Nueva regulación de la obligaciones de reintegro de las prestaciones indebidamente percibidas.** Compensaciones parciales.

11. **Subsidio de mayores de 52 años:** se mantiene su cuantía fija, no se modifica. Ello sin embargo queda compensado por la mayor duración de este subsidio y por las cotizaciones por la contingencia de jubilación, de las cuales carece el resto de los subsidios.

12. **Se regula una transición del subsidio por desempleo a la prestación de ingreso mínimo vital:** régimen transitorio para los subsidios extraordinarios por desempleo y renta activa de inserción que desaparecen.

13. **Régimen transitorio para los subsidios por desempleo solicitados antes del 1 de noviembre de 2024.**

14. **Subsidio por desempleo por las personas víctimas de violencia de género o sexual.**

15. **Se amplia el plazo de salida al extranjero.**

> **A TENER EN CUENTA.** A pesar de que las novedades que analizaremos se realizan con efectos de 23/05/2024, de conformidad con la D.T. 1.ª del Real Decreto-ley 2/2024, de 21 de mayo, las nuevas previsiones serán aplicables para las prestaciones posteriores al 01/11/2024, por lo que los derechos reconocidos antes de esa fecha se mantienen con la normativa anterior hasta su extinción.

Con carácter general existirán dos tipos de subsidio por desempleo

Se modifica el art. 274 de la LGSS estableciendo (con carácter general) dos únicos tipos de subsidio por desempleo:

- **Subsidio por desempleo ante el agotamiento de prestación contributivas.** Serán beneficiarios del subsidio los desempleados que hubiesen agotado la prestación por desempleo. [**En caso de ser menor de 45 años sin responsabilidades familiares** se exigirá, además una duración mínima de la prestación contributiva por desempleo].

- **Subsidio por desempleo ante cotizaciones insuficientes.** Resultará necesario encontrarse en situación legal de desempleo sin tener cubierto el periodo mínimo de cotización para tener derecho a la prestación contributiva, **siempre que hayan cotizado al menos tres meses (noventa días).**

> **A TENER EN CUENTA:**
> – **Requisitos generales para el acceso al subsidio**: a) en la fecha de la solicitud del subsidio se exigirá no tener derecho a la prestación contributiva por desempleo; b) no encontrarse en supuesto de incompatibilidad; c) carecer de rentas propias, o bien, alternativamente, acreditar responsabilidades familiares; d) inscripción como demandante de empleo; e) suscripción del acuerdo de actividad.
> – En el caso de que en los seis meses anteriores a la solicitud se acrediten varias situaciones legales de desempleo, a efectos de determinación del período de ocupación cotizada para el reconocimiento de este subsidio, se estará a lo establecido en el art. 269.2 de la LGSS.
> – Podrán acceder a estos subsidios quienes mantengan uno o varios contratos a tiempo parcial, siempre que la suma de las jornadas trabajadas en dichos contratos sea inferior a una jornada completa y cumplan el resto de los requisitos.
> – Serán beneficiarios del subsidio para trabajadores mayores de cincuenta y dos años quienes cumplan los requisitos establecidos en el art. 280.4 de la LGSS.

El subsidio por agotamiento de la prestación contributiva se amplía a más colectivos

Se amplía la cobertura del nivel asistencial ante cotizaciones insuficientes para lucrar la prestación por desempleo [art. 274.1.b) de la LGSS] a nuevos colectivos.

a) **Menores de 45 años sin responsabilidades familiares.** En este caso se exigirá, además del lógico agotamiento de prestación contributivas, se exige que la prestación por desempleo agotada haya tenido una duración igual o superior a 360 días [art. 274.3 de la LGSS].

A TENER EN CUENTA. A las personas beneficiarias del subsidio por desempleo, mayores de cuarenta y cinco años, se les garantizará que, a lo largo de los seis meses siguientes a la entrada en vigor de este real decreto-ley, se les elabore un perfil individualizado, que les permita acceder a oportunidades de empleo, emprendimiento o formación (D.A. 1.ª del Real Decreto-ley 2/2024, de 21 de mayo).

b) Quienes acrediten periodos cotizados inferiores a 6 meses sin responsabilidades familiares

A TENER EN CUENTA. Quienes hubieran accedido al subsidio por acreditar seis meses de cotización sin responsabilidades familiares, podrán hacerlo posteriormente, siempre que dicha acreditación y la solicitud de ampliación del subsidio tenga lugar dentro del plazo de doce meses siguientes a la fecha del hecho causante del subsidio. En este caso, se ampliará la duración máxima del subsidio inicialmente reconocido hasta los veintiún meses (art. 277.2 de la LGSS).

c) Personas trabajadoras eventuales agrarias

Se unifica la protección por desempleo de las personas trabajadoras eventuales agrarias, reconociendo su derecho al subsidio por desempleo y eliminando las restricciones anteriores sobre duración de la prestación contributiva y sobre cómputo recíproco de los periodos de ocupación cotizada como eventual agrario para el acceso al subsidio por desempleo por cotizaciones insuficientes.

A TENER EN CUENTA:
- Se modifican los arts. 286 y 287 de la LGSS y se establecen medidas complementarias de reordenación del subsidio agrario y la renta agraria.
- Se modifica el Real Decreto 426/2003, de 11 de abril, por el que se regula la renta agraria para los trabajadores eventuales en el Régimen Especial Agrario de la Seguridad Social residentes en las comunidades autónomas de Andalucía y Extremadura.

d) Trabajadores transfronterizas de Ceuta y Melilla

Se regula el acceso extraordinario a la prestación contributiva por desempleo de las personas trabajadoras transfronterizas en las ciudades autónomas de Ceuta y Melilla (D.A. 56.ª de la LGSS).

e) Personas víctimas de violencia de género o sexual (analizado en otro apartado)

> **A TENER EN CUENTA.** Se mantiene el subsidio de los españoles emigrantes retornados sin derecho a prestación contributiva (D.A. 57.ª de la LGSS), el subsidio de mayores de 52 años (analizado en otro apartado).

‖ Nueva regulación de la duración de los subsidios

La duración máxima del subsidio por desempleo se determinará en función de la edad de la persona solicitante en la fecha de agotamiento de la prestación por desempleo, la acreditación de responsabilidades familiares y la duración de la prestación por desempleo agotada, pudiendo llegar a 30 meses (art. 277 del a LGSS).

a) **Duración de los subsidios de agotamiento de la prestación contributiva**: la duración máxima del subsidio por desempleo se determinará en función de la edad de la persona solicitante en la fecha de agotamiento de la prestación por desempleo, la acreditación de responsabilidades familiares y la duración de la prestación por desempleo agotada, con arreglo a la siguiente tabla [art. 274.1.a) de la LGSS y art. 277.1 de la LGSS]:

Acreditación responsabilidades familiares	Edad en la fecha de agotamiento de la prestación	Duración de la prestación por desempleo agotada	Duración máxima del subsidio
NO NECESARIA	<45	>= 360 días	6 meses
NO NECESARIA	>45	>= 120 días	6 meses
SÍ	Indiferente	>= 120 días	24 meses
SÍ	Indiferente	>=180 días	30 meses

b) **Duración del subsidio por cotizaciones insuficientes**: la duración máxima del subsidio se determinará en función del periodo de ocupación cotizado y de la acreditación de responsabilidades familiares, con arreglo a la siguiente tabla [art. 274.1.b) de la LGSS y art. 277.2 de la LGSS]:

Periodo mínimo de ocupación cotizada	Acreditación de responsabilidades familiares	Duración máxima del subsidio
3 meses (90 días)	NO NECESARIA	3 meses
4 meses (120 días)	NO NECESARIA	4 meses
5 meses (150 días)	NO NECESARIA	5 meses
6 meses (180 días)	NO NECESARIA	6 meses
6 meses (180 días)	SÍ	21 meses

A TENER EN CUENTA:

- Quienes hubieran accedido al subsidio sin acreditar responsabilidades familiares podrán hacerlo posteriormente. En este caso:

  a) **Duración de los subsidios de agotamiento de la prestación contributiva**: se ampliará la duración máxima del subsidio inicialmente reconocido hasta la que corresponda en función de la duración de la prestación contributiva agotada.

  b) **Duración del subsidio por cotizaciones insuficientes**: se ampliará la duración máxima del subsidio inicialmente reconocido hasta los veintiún meses.

Los subsidios se reconocen por periodos trimestrales. Es necesario que los requisitos de carencia de rentas o de responsabilidades familiares se cumplan en el mes natural anterior a la solicitud inicial de cada una de sus prórrogas

En todos los casos el subsidio se reconocerá por periodos trimestrales, prorrogables hasta agotar la duración máxima (art. 277.3 de la LGSS), siendo obligatorio cumplir en cada momento los requisitos de carencia de rentas o responsabilidades familiares.

A TENER EN CUENTA:

Los requisitos de **carencia de rentas y de responsabilidades familiares** (art. 276 de la LGSS):

- Se configura como requisito de acceso al derecho inicial y a cada una de las prórrogas o reanudaciones del subsidio.

- Deben cumplirse en el mes natural anterior a la fecha de la solicitud inicial del subsidio y de cada una de sus prórrogas, sin que proceda la revisión del derecho para verificar si se mantiene durante los tres meses reconocidos.

- A los efectos de que se produzca la prórroga del subsidio hasta su duración máxima (art. 277 de la LGSS), cada vez que se hayan devengado tres meses de su percepción, los beneficiarios deberán presentar una solicitud de prórroga, acompañada de la documentación acreditativa del mantenimiento de los requisitos de acceso. Dicha solicitud deberá presentarse en el plazo de los quince días hábiles siguientes a la finalización del periodo trimestral. Presentada en dicho plazo, el subsidio se prorrogará desde el día siguiente a la fecha de agotamiento del período de derecho trimestral.

- Se acreditarán mediante «declaración responsable» de las rentas percibidas en el mes anterior (art. 275.6 y 295 de la LGSS).

- La veracidad de estos datos se constatará a posteriori mediante las correspondientes declaraciones tributarias.

- Si en la solicitud inicial o de alguna de las prórrogas del subsidio, el interesado hiciera ocultación de alguna renta, y ésta afectara a su derecho, una vez detectada, se declararán indebidamente percibidos los tres meses reconocidos tras dicha solicitud.

Se suprime el plazo de espera de un mes desde la fecha del agotamiento de la prestación contributiva

La nueva redacción del art. 276 de la LGSS —donde se regula la solicitud, nacimiento y prórroga del derecho al subsidio— ya no contempla este requisito.

A TENER EN CUENTA:

– Se considerará fecha del **hecho causante** del subsidio la del agotamiento de la prestación contributiva por desempleo si se accede al subsidio por esta circunstancia, y, la de la última situación legal de desempleo si se accede por acreditar cotizaciones insuficientes para el acceso a la prestación contributiva

– El derecho al subsidio por desempleo **nace a partir del día siguiente al del hecho causante** siempre que se solicite en los quince días hábiles siguientes a la fecha del mismo. Solicitado fuera de dicho plazo, pero dentro de los seis meses siguientes a la fecha del hecho causante, nacerá el día de presentación de la solicitud.

Nueva conceptualización de la carencia de rentas y responsabilidades familiares

Los requisitos de carencia de rentas y, en su caso, de existencia de responsabilidades familiares deberán concurrir en la fecha de la solicitud del subsidio, así como en la fecha de la solicitud de sus prórrogas o reanudaciones.

a) Carencia de rentas

Se entenderá cumplido el requisito de carencia de rentas propias en la fecha de la solicitud del alta inicial o de las prórrogas o reanudaciones del subsidio cuando las rentas de cualquier naturaleza de la persona solicitante o beneficiaria durante el mes natural anterior a dichas fechas no superen el 75 por ciento del salario mínimo interprofesional, excluida la parte proporcional de dos pagas extraordinarias (art. 275.1 de la LGSS).

A TENER EN CUENTA:

Se considerarán como rentas o ingresos computables:

– Cualesquiera bienes, derechos o rendimientos derivados del trabajo, del capital mobiliario o inmobiliario, de las actividades económicas y los de naturaleza prestacional contributiva o no contributiva, públicas o privadas.

– Las pensiones alimenticias y las compensatorias, acordadas en caso de separación, divorcio, nulidad matrimonial o en procesos de adopción de medidas paternofiliales cuando no exista convivencia entre los progenitores.

– Los incrementos patrimoniales derivados de actos inter vivos o mortis causa, las plusvalías o ganancias patrimoniales.

– Los rendimientos que puedan deducirse del montante económico del patrimonio, aplicando a su valor el 100 por ciento del tipo de interés legal del dinero vigente, con la excepción de la vivienda habitualmente ocupada por el

---

trabajador y de los bienes cuyas rentas hayan sido computadas (todo ello en los términos que se establezcan reglamentariamente).

– Las rentas se computarán por su rendimiento íntegro o bruto. El rendimiento que procede de las actividades empresariales, profesionales, agrícolas, ganaderas o artísticas, se computará por la diferencia entre los ingresos y los gastos necesarios para su obtención.

No se consideran rentas o ingresos computables:

– El importe de las cuotas destinadas a la financiación del convenio especial con la Administración de la Seguridad Social percibidas por la persona solicitante o beneficiaria.

– El importe correspondiente a la indemnización legal prevista en el texto refundido de la Ley del Estatuto de los Trabajadores para cada uno de los supuestos de extinción del contrato de trabajo, con independencia de que su pago sea único o periódico. En todo caso, a los efectos previstos en este artículo, se computará como renta el exceso que sobre dicha cantidad pueda haberse pactado.

– El importe de las percepciones económicas obtenidas por asistencia a acciones de formación profesional o en el trabajo o para realizar prácticas académicas externas que formen parte del plan de estudios, obtenidas por la persona solicitante o beneficiaria o por cualquier otro miembro de la unidad familiar.

– A efectos de reanudaciones y prórrogas del subsidio, las rentas derivadas del trabajo por cuenta ajena a tiempo completo o a tiempo parcial devengadas por la persona beneficiaria, durante el periodo de percepción del complemento de apoyo al empleo.

– Las rentas del trabajo y las prestaciones públicas percibidas por la persona solicitante que no se mantengan en la fecha de la solicitud.

– La ocultación de rentas a la entidad gestora por parte de los solicitantes supondrá la reclamación de la prestación.

b) Responsabilidades familiares

Se entenderá cumplido el requisito de responsabilidades familiares en la fecha de la solicitud del alta inicial o de las prórrogas o reanudaciones del subsidio cuando la suma de las rentas obtenidas durante el mes natural anterior a dichas fechas por el conjunto de la unidad familiar, incluida la persona solicitante o beneficiaria, dividida entre el número de miembros que la componen, no supere el 75 por ciento del salario mínimo interprofesional, excluida la parte proporcional de dos pagas extraordinarias (art. 275.2 de la LGSS).

A TENER EN CUENTA:

– Se entenderá por unidad familiar la compuesta por la persona solicitante o beneficiaria, su cónyuge y los hijos e hijas menores de veintiséis años, o mayores con discapacidad, o menores acogidos y acogidas o en guarda con fines de adopción o acogimiento, que convivan o dependan económicamente de la persona solicitante o beneficiaria. Asimismo, formará parte de la unidad familiar la pareja de hecho que conviva con la persona solicitante o beneficiaria con independencia de la acreditación de hijos o hijas en común.

– Se considerará pareja de hecho la constituida con análoga relación de afectividad a la conyugal por quienes, no hallándose impedidos para contraer matrimonio, no tengan vínculo matrimonial, ni constituida pareja de hecho con otra persona y acrediten mediante certificación de la inscripción en alguno de los registros específicos existentes en las comunidades autónomas o ayuntamientos del lugar de residencia, en su caso, o documento público en el que conste la constitución de dicha pareja. Tanto la mencionada inscripción como la formalización del correspondiente documento público deberán haberse producido con una antelación mínima de dos años con respecto a la fecha de la solicitud del subsidio. No se exigirá el requisito de inscripción en un registro de parejas de hecho, ni constitución de dicha pareja en documento público, en el caso de que se tengan hijos o hijas comunes.

‖ Se incrementan las cuantías

La cuantía del subsidio será igual a los siguientes porcentajes del indicador público de rentas de efectos múltiples mensual vigente en cada momento (art. 278 del a LGSS):

Duración del subsidio	% del IPREM
Seis primeros meses (180 primeros días)	95 %
Seis meses siguientes (desde el día 181 y uno al día 360)	90 %
Resto de prestación hasta 21 meses (a partir del día 361)	80 %

‖ Compatibilidad del subsidio de desempleo y el trabajo por cuenta ajena. Se crea el nuevo complemento de apoyo al empleo (CAE) en caso de combinar trabajo por cuenta ajena y subsidio

a) Incompatibilidad del subsidio por desempleo con el trabajo por cuenta ajena

La prestación y el subsidio por desempleo serán incompatibles con la obtención de prestaciones de carácter económico de Seguridad Social, salvo que éstas hubieran sido compatibles con el trabajo que originó la prestación o el subsidio (art. 282.1 de la LGSS) y en los supuestos establecidos en el siguiente punto.

No se podrá compatibilizar el subsidio con el desempeño de un empleo por cuenta ajena cuando la contratación sea efectuada por:

- Empresas que tengan autorizado expediente de regulación de empleo en el momento de la contratación.
- Empresas en las que el desempleado beneficiario del subsidio haya trabajado en los últimos doce meses anteriores.

El subsidio por desempleo también es incompatible:

- Respecto de las relaciones laborales suspendidas en virtud de expediente de regulación de empleo o del Mecanismo RED.

- Con contrataciones que afecten al cónyuge, ascendientes, descendientes y demás parientes por consanguinidad o afinidad, o en su caso por adopción, hasta el segundo grado inclusive, del empresario o de quienes ostenten cargos de dirección o sean miembros de los órganos de administración de las entidades o de las empresas que revistan la forma jurídica de sociedad, así como las que se produzcan con estos últimos.

b) **Compatibilidad** del subsidio por desempleo con el trabajo por cuenta ajena

Se generaliza la compatibilidad del subsidio con el trabajo por cuenta ajena, para quienes accedan al subsidio por desempleo manteniendo uno o varios contratos a tiempo parcial, así como para quienes siendo beneficiarios del mismo inicien una relación laboral a tiempo completo o parcial, el subsidio se compatibilizará como complemento de apoyo al empleo (art. 282.3 de la LGSS).

Además, la prestación y el subsidio serán compatibles **con la realización de prácticas formativas, prácticas académicas externas incluidas en programas de formación profesional o programas de formación en el trabajo** (art. 282.5 del a LGSS).

A TENER EN CUENTA. Se mantendrá de forma transitoria el régimen de compatibilidad previsto en la D.T. 5.ª de la Ley 45/2002, de 12 de diciembre (D.T. 4.ª del Real Decreto-ley 2/2024, de 21 de mayo).

---

c) Complemento de apoyo al empleo (CAE)

En los supuestos de percepción del subsidio e inicio de una relación laboral por cuenta ajena el subsidio se percibirá en forma de **complemento de apoyo al empleo**.

Lo que se ha realizado es, realmente, un simple cambio terminológico para referirse a la una nueva forma de compatibilidad del subsidio con el trabajo (esto se considera necesario para distinguir esta nueva regulación de la compatibilidad de la anterior compatibilidad de las prestaciones y subsidios por desempleo con el trabajo a tiempo parcial, que subsistirá durante el periodo transitorio hasta la extinción de los subsidios reconocidos con anterioridad a la entrada en vigor de esta reforma).

Este complemento tendrá una **duración máxima de 180 días**, en una o varias relaciones laborales con el objetivo de incentivar la reincorporación al trabajo.

La cuantía del complemento de apoyo al empleo se determinará, cada trimestre, en función de la jornada pactada al inicio de la compatibilización y del trimestre en que se encuentre en cada momento el perceptor del complemento de apoyo respecto al inicio del subsidio conforme a la siguiente tabla (art. 282.3 de la LGSS):

Trimestre de subsidio	CAE. Empleo a tiempo completo (% IPREM)	CAE. Empleo a tiempo parcial >= 75 % de la jornada (% IPREM)	CAE. Empleo a tiempo parcial <75 % y >=50 % de la jornada (% IPREM)	CAE. Empleo a tiempo parcial <50 % de la jornada (% IPREM)
1.º	80	75	70	60
2.º	60	50	45	40
3.º	40	35	30	25
4.º	30	25	20	15
5.º y siguientes	20	15	10	5

A TENER EN CUENTA:

- Las situaciones de pluriempleo y modificaciones de jornada sobrevenidas tras la determinación de la cuantía del complemento de apoyo al empleo no producirán ningún efecto sobre la misma.

- El CAE se percibirá mientras se mantenga la relación laboral que lo originó. Durante su percepción, con independencia del porcentaje aplicado, se consumirán tantos días de la duración del subsidio como los días percibidos en concepto de complemento de apoyo al empleo.

- **Su duración máxima será de ciento ochenta días**, que podrán percibirse en uno o sucesivos periodos de compatibilidad, con el límite del número de días que restasen por percibir de la duración máxima del subsidio reconocido. Llegado al límite anterior o agotada la duración máxima del subsidio, este quedará suspendido por realización de un trabajo por cuenta ajena y sujeto a las condiciones generales de reanudación por esta causa o extinguido por agotamiento, respectivamente.

- **Obligación de comunicación de los cambios en la relación laboral**: la extinción o suspensión de la relación laboral, o la interrupción de la actividad fija discontinua que haya originado el complemento de apoyo al empleo, deberá ser comunicada a la entidad gestora por el beneficiario, en el plazo de los quince días hábiles siguientes, e implicará la suspensión del subsidio, que podrá reanudarse sin compatibilidad previa solicitud del interesado siempre que acredite situación legal de desempleo e inscripción como demandante de empleo y que cumpla los requisitos de carencia de rentas o de responsabilidades familiares.

d) Otras compatibilidades

El subsidio será compatible con la percepción de (art. 285.4 de la LGSS):

- Cualquier tipo de rentas mínimas.
- Salarios sociales o ayudas análogas de asistencia social concedidas por cualquier Administración Pública.
- La percepción de las prestaciones económicas no contributivas de la Seguridad Social, excepto la de jubilación

- La realización de prácticas formativas, prácticas académicas externas incluidas en programas de formación o programas de formación para el empleo.

- Programas de fomento al empleo destinados a colectivos con dificultad de inserción en el mercado de trabajo (cuando se establezca).

Suspensión, reanudación y extinción del derecho al subsidio. Nuevas causas. Itinerario o plan personalizado y compromiso de actividad

Una vez reconocido un periodo trimestral del subsidio (art 274.1 de la LGSS), la prestación se suspenderá, reanudará o extinguirá según lo establecido en el art. 279 de la LGSS.

a) Suspensión

Se suspenderá por **las causas previstas en el art. 271 de la LGSS**. Dentro de las nuevas causas de suspensión, encontramos [letras i), j), k) y l) del art 271.1 de la LGSS]:

- Durante los períodos en los que los beneficiarios no figuren inscritos como demandantes de empleo en el servicio público de empleo competente, salvo que se encuentren trabajando por cuenta ajena a jornada completa y compatibilizando la prestación o el subsidio como complemento de apoyo al empleo conforme a lo establecido en el art. 282.3 de la LGSS.

- Durante los periodos en los que, de acuerdo con la comunicación del Servicio Público de Empleo competente, se incumpla o suspenda el acuerdo de actividad.

- En caso de incumplimiento de la obligación de presentar anualmente la declaración correspondiente al Impuesto sobre la Renta de las Personas Físicas en las condiciones y plazos previstos en la normativa tributaria aplicable. En caso de incumplimiento de lo previsto en el art. 299.1.k) de la LGSS, la suspensión tendrá lugar cuando la entidad gestora detecte que las personas beneficiarias de prestaciones hubieran incumplido durante un ejercicio fiscal la obligación de presentar la declaración del Impuesto sobre la Renta de las Personas Físicas, en las condiciones y plazos previstos en la normativa tributaria aplicable.

- Cuando los trabajadores fijos-discontinuos que sean llamados a reiniciar su actividad no se reincorporen a su puesto de trabajo, salvo causa justificada.

> **A TENER EN CUENTA**:
>
> – Interrupción del acuerdo de actividad: la prestación se vincula a un acuerdo de actividad de forma que se incorpore a los beneficiarios, que ya son personas en situación de desempleo de larga duración, de forma prioritaria en programas y acciones que posibiliten su reinserción. En consonancia, se introduce una nueva causa de suspensión del subsidio (y de la prestación por desempleo), por interrupción del

acuerdo de actividad, con el objetivo de reafirmar la vinculación de las prestaciones por desempleo con el seguimiento de medidas de inserción laboral (art. 279 y D.A. 54.ª de la LGSS).

– En los supuestos de estancia en el extranjero por un período, continuado o no, de hasta noventa días naturales como máximo durante cada año natural, siempre que la salida al extranjero esté previamente comunicada y autorizada por la entidad gestora. No tendrá consideración de estancia ni de traslado de residencia la salida al extranjero por tiempo no superior a treinta días naturales (anteriormente eran 15) por una sola vez cada año, sin perjuicio del cumplimiento de las obligaciones establecidas en el art. 299 de la LGSS.

b) Reanudación

Según el art. 279 de la LGSS. Con las especificaciones del art. 272.1. c) y d) de la LGSS

c) Extinción

Los subsidios se **extinguirán por las causas previstas en el art. 272 de la LGSS**. Donde seguimos encontrado (con modificaciones), entre otros, como supuestos de extinción:

- Realización de un trabajo por cuenta ajena de duración igual o superior a 12 meses (sin perjuicio del derecho de opción establecido en el art. 269.3 de la LGSS).

- La realización de un trabajo por cuenta propia, por tiempo igual o superior a 60 meses en el supuesto de trabajadores por cuenta propia que causen alta en el RETA o en el RETM (o a 24 meses, en el caso de actividades con alta en alguna mutualidad de previsión social alternativa al RETA).

- Cumplimiento, por parte del titular del derecho, de la edad ordinaria exigida en cada caso para causar derecho a la pensión contributiva de jubilación [con las salvedades establecidas en el artículo 266.d) de la LGSS].

A TENER EN CUENTA:

No obstante, se establecen excepciones a la regla general de extinción cuando (art. 279.2 de la LGSS):

– Transcurso del plazo de seis años desde la fecha de baja de la prestación sin haber reanudado el derecho [art. 272.h) de la LGSS].

– Por el transcurso de seis meses desde el agotamiento de la prórroga trimestral salvo que se produzca la prórroga del subsidio (último párrafo del art. 276.2 de la LGSS).

– Las personas beneficiarias del subsidio por desempleo tendrán garantizado, en todo caso, el acceso al itinerario o plan personalizado adecuado a su perfil, previsto en los arts. 3 y 56.1.c) de la Ley 3/2023, de 28 de febrero, de Empleo.

Nueva regulación de la obligación de reintegro de las prestaciones indebidamente percibidas. Compensaciones parciales.

Siguiendo con la regulación de los distintos procedimientos en la materia que se inició por el Real Decreto-Ley 1/2023, de reintegro de prestaciones indebidas, se modifica el art. 295 de la LGSS, con el fin de facilitar el cumplimiento de las obligaciones de reintegro de las prestaciones indebidamente percibidas. Se establece la competencia de la entidad gestora sobre los fraccionamientos de las prestaciones indebidamente percibidas por parte de las personas beneficiarias, así como la posibilidad de acceder a su compensación parcial con las nuevas prestaciones que pudieran reconocerse a la persona deudora.

> **A TENER EN CUENTA.** Los procedimientos de fraccionamiento y compensación parcial, que se venían aplicando con carácter residual en la gestión del Servicio Público de Empleo Estatal, se han incrementado paralelamente a la gestión y revisión de los expedientes de reintegro de prestaciones indebidas derivadas de ERTE COVID-19 lo cual hace necesaria su inclusión en el texto refundido de la Ley General de Seguridad Social (arts. 295.3 de la LGSS y 33 bis, 34 y 34 bis del Real Decreto 625/1985, de 2 de abril).

Reforma del subsidio de desempleo para mayores de 52 años

Serán beneficiarios del subsidio para trabajadores mayores de cincuenta y dos años quienes cumplan los requisitos establecidos en el art. 280 de la LGSS.

Requisitos:

- Tener cumplida la edad de 52 años en la fecha del hecho causante del subsidio (art. 274.1 de la LGSS)
- Acreditar todos los requisitos, salvo la edad, para acceder a cualquier tipo de pensión contributiva de jubilación en el sistema de la Seguridad Social.
- Haber cotizado efectivamente en España por desempleo durante al menos seis años a lo largo de su vida laboral.
- Acreditar, en la fecha de presentación de la solicitud, que carecen de rentas propias (art. 275.1 de la LGSS). El cumplimiento del requisito de carencia de rentas propias deberá mantenerse durante todo el tiempo de percepción del subsidio.

Mantiene su cuantía (80 % del IPREM) (art. 282.4 de la LGSS).

Cotización: la entidad gestora cotizará por la contingencia de jubilación durante la percepción del subsidio por desempleo para trabajadores mayores de cincuenta y dos años.

> **A TENER EN CUENTA.** En la versión de esta norma no convalidada por el Congreso (derogada D.T. 3.ª del Real Decreto-ley 7/2023, de 19 de diciembre) se aplicaba una reducción progresiva en la cotización a la jubilación del subsidio de mayores de 52 años hasta 2028.

Las cotizaciones efectuadas conforme a lo previsto en el párrafo anterior tendrán efecto para el cálculo de la base reguladora de la pensión de jubilación y porcentaje aplicable a aquella en cualquiera de sus modalidades, así como para completar el tiempo necesario para el acceso a la jubilación anticipada. En ningún caso dichas cotizaciones tendrán validez y eficacia jurídica para acreditar el período mínimo de cotización exigido en el art. 205.1.b) de la LGSS, que, de conformidad con lo dispuesto en el apartado 1, ha debido quedar acreditado en la fecha de solicitud del subsidio regulado en este artículo.

A efectos de determinar la cotización se tomará como base de cotización el 125 por cien de la base mínima de cotización en el Régimen General de la Seguridad Social, vigente en cada momento.

En caso de percibir el complemento de apoyo al empleo, la base por la que deberá cotizarse se reducirá en proporción a la jornada trabajada.

A TENER EN CUENTA:

- Durante la percepción del subsidio para trabajadores mayores de cincuenta y dos años cuya fecha de nacimiento del derecho inicial sea anterior al día 1 de junio de 2024, la entidad gestora continuará cotizando por la contingencia de jubilación tomándose como base de cotización el 125 por ciento del tope mínimo de cotización vigente en cada momento.

- Se suspenderá conforme a lo previsto en el art. 271 y 280.5 de la LGSS.

- El subsidio se extinguirá por las causas previstas en el art. 272 de la LGSS con las excepciones previstas en el art. 280.6 de la LGSS.

- Los beneficiarios del subsidio para mayores de 52 años vendrán obligados a comunicar a la entidad gestora cualquier incremento en sus rentas que pudieran afectar al mantenimiento de su derecho, en el momento en que dicha circunstancia se produzca. Deberán presentar ante la entidad gestora una declaración anual de sus rentas, acompañada de la documentación acreditativa que corresponda.

- El Gobierno podrá extender a otros colectivos de trabajadores lo para este subsidio.

Se regula una transición del subsidio por desempleo a la prestación de ingreso mínimo vital

La nueva D.A. 12.ª de la LGSS establece un mecanismo simplificado para la transición del subsidio por desempleo a la prestación de ingreso mínimo vital, con el objetivo de reducir las cargas administrativas para las personas que no han logrado reincorporarse al mercado laboral tras agotar el periodo máximo de percepción de los subsidios por desempleo. Este proceso se detalla en la citada disposición, que establece los requisitos y procedimientos para que la entidad gestora del subsidio por desempleo remita automáticamente los datos del beneficiario a la entidad gestora del ingreso mínimo vital, facilitando así el reconocimiento de la prestación.

Régimen transitorio para los subsidios por desempleo solicitados antes del 1 de noviembre de 2024

La nueva D.T. 3.ª del Real Decreto-ley 2/2024, de 21 de mayo, prevé el régimen aplicable con carácter transitorio a quienes estuvieran percibiendo o tengan derecho a reanudar cualquiera de los subsidios por desempleo, o el derecho a la renta activa de inserción, vigentes en el momento de la entrada en vigor de este real decreto-ley, quienes lo mantendrán hasta su extinción, así como a quienes no hubieran solicitado alguno de dichos subsidios a pesar de acreditar un hecho causante anterior a la fecha de la entrada en vigor de este real decreto-ley, sin haber solicitado el subsidio; en todos los casos con la garantía de una transición adecuada hacia otros mecanismos de protección social si no se reinsertaran en el mercado laboral.

> **A TENER EN CUENTA.** También se mantendrá, en virtud de la D.T. 4.ª del Real Decreto-ley 2/2024, de 21 de mayo, de forma transitoria el régimen de compatibilidad previsto en la disposición transitoria quinta de la Ley 45/2002, de 12 de diciembre, de medidas urgentes para la reforma del sistema de protección por desempleo y mejora de la ocupabilidad, respecto de las personas que en el momento de la entrada en vigor de esta reforma estuvieran sujetos al mismo. La D.T. 5.ª del Real Decreto-ley 2/2024, de 21 de mayo, dispone el régimen aplicable en los procedimientos de reconocimiento del derecho a la prestación de ingreso mínimo vital iniciados con anterioridad a la entrada en vigor del real decreto-ley analizado.

Subsidio por desempleo por las personas víctimas de violencia de género o sexual

Las víctimas de violencia de género o sexual en España tienen derecho a un subsidio por desempleo bajo ciertas condiciones, según lo establecido en una nueva D.A. 59.ª de la LGSS.

Este subsidio es accesible para aquellos que no califican para la prestación por desempleo de nivel contributivo y que no han sido beneficiarios de tres derechos al programa de renta activa de inserción. Los solicitantes deben estar inscritos como demandantes de empleo, carecer de rentas propias según ciertos criterios y cumplir con los requisitos de responsabilidades familiares si aplica.

La cuantía y duración del subsidio se determinan según lo previsto en la disposición, con una duración máxima de treinta meses, que puede variar si el beneficiario ha sido previamente parte del programa de Renta Activa de Inserción. El subsidio es incompatible con el trabajo por cuenta propia y se rige por un régimen de compatibilidad específico. Aquellos que hayan agotado la duración máxima del subsidio pueden acceder de nuevo al mismo bajo ciertas condiciones.

La disposición también se aplica a las víctimas de violencia ejercida por padres o hijos, acreditada mediante sentencia judicial o informe del Ministerio Fiscal. En aspectos no regulados expresamente, se aplicará lo establecido en el título III de la LGSS.

|| Otras cuestiones

- Ampliación del plazo de salida ocasional al extranjero, pasando a ser de treinta días en lugar de los quince días establecidos en la actualidad.

- Aplicación del art. 283 de la LGSS (prestación por desempleo e incapacidad temporal) durante los periodos de inactividad de los trabajadores fijos discontinuos; así como la actualización del léxico del art. 284 de la LGSS, respecto de las situaciones protegidas de nacimiento y cuidado de hijos.

1.
BENEFICIARIOS Y REQUISITOS DEL SUBSIDIO POR DESEMPLEO

El nivel asistencial, complementario al nivel contributivo, garantiza la protección a los trabajadores desempleados que se encuentren en alguno de los supuestos incluidos en el art. 274 de la LGSS.

Como hemos visto al principio de la obra, las modificaciones operadas por el Real Decreto-ley 2/2024, de 21 de mayo, establecieron (con carácter general) **dos únicos tipos de subsidio por desempleo**: el subsidio por desempleo ante el agotamiento de prestación contributiva por desempleo y el subsidio por desempleo ante cotizaciones insuficientes para el acceso a la prestación contributiva por desempleo. No obstante, **distintos colectivos cuentan con protección asistencial frente al desempleo con características propias y existe un periodo transitorio de la normativa anterior que alcanza todas las prestaciones solicitadas antes del 01/11/2024**.

1.1. Beneficiarios y situaciones para lucrar el subsidio por desempleo: ¿quién tiene derecho a cobrar el subsidio por desempleo?

Con carácter general, serán beneficiarios del subsidio los desempleados que, sin tener derecho a la prestación contributiva: no se encuentren en ningún supuesto de incompatibilidad y carezcan de rentas propias en los términos que describiremos o (alternativamente) acrediten **responsabilidades familiares**, siempre y cuando se encuentren en alguna de las siguientes situaciones (art. 274 de la LGSS):

- **Haber agotado la prestación por desempleo:**
  - En caso de ser **menor de cuarenta y cinco años sin responsabilidades familiares** se exigirá, además, que la prestación por desempleo agotada haya tenido una duración igual o superior a trescientos sesenta días.
  - En el caso de que **en los seis meses anteriores a la solicitud se acrediten varias situaciones legales de desempleo**, a efectos de determinación del período de ocupación cotizada para el reconocimiento de este subsidio (art. 269.2 de la LGSS):
    » Se tendrán en cuenta todas las cotizaciones que no hayan sido computadas para el reconocimiento de un derecho anterior, tanto de nivel contributivo como asistencial. No obstante, no se considerará como derecho anterior el que se reconozca en virtud de la suspensión de la relación laboral prevista en el art. 45.1.n) del Estatuto de los Trabajadores.
    » En el supuesto de que se hayan realizado trabajos a tiempo parcial durante los períodos a que hace referencia el apartado anterior, para determinar los períodos de cotización se estará a lo que se determine en la normativa reglamentaria de desarrollo.
    » No se computarán las cotizaciones correspondientes al tiempo de abono de la prestación que efectúe la entidad gestora o, en su caso, la empresa, excepto cuando la prestación se perciba en virtud de la suspensión de la relación laboral prevista en el art. 45.1.n) del Estatuto de los Trabajadores (art. 165.5 de la LGSS).

- **Encontrarse en situación legal de desempleo sin tener cubierto el periodo mínimo de cotización para tener derecho a la prestación contributiva:**
  - Siempre que hayan cotizado al menos noventa días.

- **La inscripción como demandante de empleo, así como la suscripción del acuerdo de actividad regulado en el art. 3 de la Ley 3/2023, de 28 de febrero.**

- **Suscripción del acuerdo de actividad** (art. 3 de la Ley 3/2023, de 28 de febrero).

- Cumplir con los **requisitos exigidos para el nacimiento del derecho a las prestaciones en general** en el art. 266 de la LGSS.

- Cumplir con los **requisitos exigidos para ser beneficiarios de prestaciones por desempleo** en el art. 299 de la LGSS:
  - Proporcionar la documentación e información que reglamentariamente se determinen a efectos del reconocimiento, suspensión, extinción o reanudación del derecho a las prestaciones y comunicar a los servicios públicos de empleo autonómicos y a la entidad gestora,

el domicilio y, en su caso, el cambio del domicilio, facilitado a efectos de notificaciones, en el momento en que este se produzca

- Inscribirse como persona demandante de empleo, mantener la inscripción, suscribir y cumplir las exigencias del acuerdo de actividad en los términos a que se refiere el artículo 3 de la Ley 3/2023, de 28 de febrero.

- Comparecer, cuando haya sido previamente requerido, ante la entidad gestora, los servicios públicos de empleo o las agencias de colocación cuando desarrollen actividades en el ámbito de colaboración con aquellos.

- Buscar activamente empleo y participar en acciones de mejora de la ocupabilidad que se determinen por los servicios públicos de empleo competentes, en su caso, dentro de un itinerario de inserción.

- Participar en los programas de empleo, o en acciones de promoción, formación o reconversión profesionales, que determinen los servicios públicos de empleo, o las agencias de colocación cuando desarrollen actividades en el ámbito de colaboración con aquellos y aceptar la colocación adecuada que le sea ofrecida por los servicios públicos de empleo o por dichas agencias

- Devolver a los servicios públicos de empleo, o, en su caso, a las agencias de colocación cuando desarrollen actividades en el ámbito de colaboración con aquellos, en el plazo de cinco días, el correspondiente justificante de haber comparecido en el lugar y fecha indicados para cubrir las ofertas de empleo facilitadas por los mismos.

- Solicitar la baja en las prestaciones por desempleo cuando se produzcan situaciones de incompatibilidad, suspensión o extinción del derecho o se dejen de reunir los requisitos exigidos para su percepción, en el momento de la producción de dichas situaciones.

- Comunicar las situaciones de interrupción de la actividad fija discontinua suspensión o extinción de la relación laboral que originó el complemento de apoyo al empleo.

- Reintegrar las prestaciones indebidamente percibidas.

- Presentar anualmente la declaración correspondiente al Impuesto sobre la Renta de las Personas Físicas.

- **Subsidio para trabajadores mayores de cincuenta y dos años**: requisitos propios establecidos en el art. 280 de la LGSS.

- **Subsidio para emigrantes retornados**: requisitos propios establecidos en la D.A. 57.ª de la LGSS y el art. 11 del Real Decreto 625/1985, de 2 de abril.

- **Subsidio por desempleo por las personas víctimas de violencia de género o sexual**: requisitos propios establecidos en la D.A. 58.ª de la LGSS.

A TENER EN CUENTA. Durante toda la percepción del subsidio debe mantener todos los requisitos.

CUESTIONES

Tras las modificaciones operadas por el Real Decreto-ley 2/2024, de 21 de mayo, ¿han desaparecido los subsidios por desempleo por revisión de expediente de invalidez? ¿y para excarcelados?

1. Subsidio por desempleo por revisión de expediente de invalidez

Este subsidio lo podrán percibir las personas trabajadoras que fueran declaradas plenamente capaces o incapacitadas en el grado de incapacidad permanente parcial como consecuencia de un expediente de revisión por mejoría de una situación de gran invalidez, invalidez permanente absoluta o total para la profesión habitual.

El desaparecido art. 274.1.d) de la LGSS (en su redacción anterior al 23/05/2024) señalaba como situación concreta protegida la de «Haber sido declarado plenamente capaz o inválido en el grado de incapacidad permanente parcial para la profesión habitual, como consecuencia de un expediente de revisión por mejoría de una situación de invalidez en los grados de incapacidad permanente total para la profesión habitual, incapacidad permanente absoluta para todo trabajo o gran invalidez». (STSJ de Galicia, rec. 5739/2019, de 13 de julio de 2020, ECLI:ES:TSJGAL:2020:3615).

Actualmente este subsidio ha desaparecido de la redacción del art. 274 de la LGSS ya que el alta médica con propuesta de incapacidad permanente, cualquiera que sea el momento en el que sea expedida, extinguirá la situación de incapacidad temporal pasando el trabajador a situación de prolongación de efectos económicos de la incapacidad temporal hasta que se notifique la resolución en la que se califique la incapacidad permanente (art. 174.1 de la LGSS).

2. Subsidio por desempleo para liberados de prisión

Los liberados de prisión están comprendidos en la protección por desempleo por mandato del art. 264.1c) de la LGSS y arts. 2.1.f) y 12 del Real Decreto 625/1985, de 2 de abril.

El art. 274 de la LGSS (en su redacción anterior al 23/05/2024), reconocía el derecho al cobro de un subsidio de desempleo durante 18 meses a las personas excarceladas tras un periodo de prisión superior a 6 meses, cuando se encuentren en desempleo y no dispongan de recursos económicos suficientes. Con la modificación del art. 274 de la LGSS, para las solicitudes posteriores al 01/11/2024, hemos de entender esta posibilidad sujeta a las circunstancias generales. De esta forma:

Para las prestaciones que se reconozcan antes del 01/11/2024, se exigirán los siguientes requisitos:

– Haber sido liberado de prisión y no tener derecho a la prestación contributiva por desempleo.

– Que la privación de libertad haya sido de una duración superior a seis meses.

– En el caso de menores de edad: mayores de 16 años liberados de un centro de internamiento en el que hubieran sido ingresados como consecuencia de la comisión de hechos considerados como delito, siempre que, además de haber permanecido privados de libertad por el tiempo antes indicado.

– En el caso de personas que hubiesen concluido un tratamiento de deshabituación de la drogodependencia: cuando el mismo hubiera durado un período superior a seis meses y hayan visto remitida su pena privativa de libertad en aplicación de lo previsto en el Código Penal.

– Figurar inscrito como demandante de empleo durante el plazo de un mes y mantener dicha inscripción durante todo el período de percepción del subsidio, sin haber rechazado oferta de empleo adecuado ni haberse negado a participar, salvo causa justificada, en acciones de promoción, formación o reconversión profesionales.

– Si fue condenado por delitos de abusos y agresiones sexuales a menores de 16 años o delitos relativos a la prostitución y corrupción de menores, cuando la víctima sea menor de 13 años, la Administración Penitenciaria deberá acreditar que ha satisfecho la responsabilidad civil derivada del delito, y que ha formulado una petición expresa de perdón a la víctima o víctimas de su delito.

Para las prestaciones posteriores al 01/11/2024, se ha establecido el paso del subsidio a la prestación del IMV. (D.A. 12.ª de la Ley 19/20211, de 20 de diciembre).

1.2. Carencia de rentas y responsabilidades familiares

La regulación legal del subsidio por desempleo prevé, para el acceso a la misma, que **el solicitante o beneficiario carezca de rentas** de cualquier naturaleza superiores, en cómputo mensual, al 75 % del salario mínimo interprofesional (SMI), excluida la parte proporcional de dos pagas extraordinarias. Modulándose este cálculo cuando el solicitante tenga **responsabilidades familiares**.

El acceso y mantenimiento del derecho al subsidio por desempleo, requiere, junto a los requisitos por parte del beneficiario anteriormente tratados, no superar un determinado nivel de rentas propias y, en su caso, de la unidad familiar. Así, el art. 274 de la LGSS, **extiende a todas las modalidades de subsidio la exigencia de que el solicitante carezca de rentas en los términos establecidos en el art. 275 de la LGSS**. Por otra parte, la existencia de responsabilidades familiares —concepto que integra como elemento esencial la cuantía de las rentas percibidas por la unidad familiar—constituye un requisito específico para acceder al subsidio por desempleo como queda patente en el citado art. 274 de la LGSS cuando indica:

> «2. Además, en la fecha de la solicitud del subsidio se exigirá no tener derecho a la prestación contributiva por desempleo, no encontrase en supuesto de incompatibilidad y carecer de rentas propias, o bien, alternativamente, acreditar responsabilidades familiares».

En consonancia con esto, el art. 50 de la LGSS exceptúa a las prestaciones por desempleo de la regla general aplicable al cómputo de ingresos establecida para el resto de prestaciones comprendidas en el ámbito de la acción protectora regulado en esta ley. De esta forma, las rentas a considerar a efectos del acceso y mantenimiento del derecho al subsidio por desempleo y su forma de cómputo se regulan en el art. 275 de la LGSS, y en su norma de desarrollo (art. 7 del Real Decreto 625/1985, de 2 de abril).

Esta prestación ha ido aparejada históricamente a la necesidad de definir las rentas computables y su forma de cálculo, toda vez que el legislador, si bien se inspiró en el sistema establecido a efectos del IRPF, se decantó por establecer reglas de imputación de rentas distintas de las vigentes en el ámbito tributario, incorporando criterios propios para su cálculo, como ha venido destacando la jurisprudencia del Tribunal Supremo.

> **A TENER EN CUENTA.** Dentro del documento «Instrucción de rentas y responsabilidades familiares», publicado por el SPEE, el organismo analiza las responsabilidades familiares a efectos del subsidio por desempleo, fijando su criterio en relación al art. 275 de la LGSS (hasta una posible adaptación a la nueva regulación) sobre composición de la unidad familiar, cónyuge, hijos/as, alegación del hijo como carga por ambos progenitores o los supuestos de custodia compartida.

A efectos de determinar los **requisitos de carencia de rentas y, en su caso, de responsabilidades familiares**, el art. 275 de la LGSS establece también una serie de requisitos específicos:

a) Carencia de rentas

Para cumplir con el requisito de carencia de rentas, las rentas del solicitante no deben superar el 75 % del SMI en el mes anterior a la solicitud, prórrogas o reanudaciones del subsidio, excluyendo la parte proporcional de dos pagas extraordinarias.

Las rentas computables incluyen: ingresos del trabajo, capital, actividades económicas, prestaciones, pensiones alimenticias y compensatorias, incrementos patrimoniales, plusvalías, y rendimientos del patrimonio, excluyendo la vivienda habitual y bienes ya computados. Se consideran por su rendimiento bruto.

Por el contrario, **no se consideran rentas computables**

- El importe de las cuotas destinadas a la financiación del convenio especial con la Administración de la Seguridad Social percibidas por la persona solicitante o beneficiaria.

- El importe correspondiente a la indemnización legal prevista en el texto refundido de la Ley del Estatuto de los Trabajadores para cada uno de los supuestos de extinción del contrato de trabajo, con independencia de que su pago sea único o periódico. En todo caso, a los efectos previstos en este artículo, se computará como renta el exceso que sobre dicha cantidad pueda haberse pactado.

- El importe de las percepciones económicas obtenidas por asistencia a acciones de formación profesional o en el trabajo o para realizar prácticas académicas externas que formen parte del plan de estudios, obtenidas por la persona solicitante o beneficiaria o por cualquier otro miembro de la unidad familiar.

- A efectos de reanudaciones y prórrogas del subsidio, las rentas derivadas del trabajo por cuenta ajena a tiempo completo o a tiempo parcial devengadas por la persona beneficiaria, durante el periodo de percepción del complemento de apoyo al empleo.

- Las rentas del trabajo y las prestaciones públicas percibidas por la persona solicitante que no se mantengan en la fecha de la solicitud.

b) Responsabilidades familiares

Se cumple este requisito si la suma de las rentas de la unidad familiar, dividida por el número de miembros, no supera el 75 % del SMI en el mes anterior a la solicitud, prórrogas o reanudaciones, excluyendo la parte proporcional de dos pagas extraordinarias.

Como unidad familiar se incluye: al solicitante, su cónyuge o pareja de hecho, hijos menores de 26 años o mayores con discapacidad, y menores acogidos, que convivan o dependan económicamente del solicitante.

Se considerará pareja de hecho la constituida con análoga relación de afectividad a la conyugal por quienes, no hallándose impedidos para contraer matrimonio, no tengan vínculo matrimonial, ni constituida pareja de hecho con otra persona y acrediten mediante certificación de la inscripción en alguno de los registros específicos existentes en las comunidades autónomas o ayuntamientos del lugar de residencia, en su caso, o documento público en el que conste la constitución de dicha pareja. Tanto la mencionada inscripción como la formalización del correspondiente documento público deberán haberse producido con una antelación mínima de dos años con respecto a la fecha de la solicitud del subsidio. No se exigirá el requisito de inscripción en un registro de parejas de hecho, ni constitución de dicha pareja en documento público, en el caso de que se tengan hijos o hijas comunes.

A TENER EN CUENTA. Los requisitos de carencia de rentas y responsabilidades familiares deben cumplirse tanto en la fecha de solicitud del subsidio como en las de sus prórrogas o reanudaciones. El solicitante debe declarar todas las rentas e ingresos obtenidos en el mes anterior por él y su unidad familiar. La ocultación de rentas puede llevar a la reclamación del importe percibido indebidamente.

JURISPRUDENCIA

STS, rec. 3192/2002, de 25 de junio de 2003, ECLI:ES:TS:2003:4438

Para el TS, el requisito de «tener responsabilidades familiares» exigido por la LGSS «(...) es único, aunque se subdivide en otras dos exigencias claramente diferenciadas y subordinadas: la primera, que el solicitante tenga "familiares a cargo", pues si no los tiene resulta ya ocioso comprobar el nivel de rentas de la unidad familiar, ya que sea cual sea su importe, el requisito queda incumplido y no nace para el solicitante el derecho al subsidio. La segunda, que la renta del conjunto de la unidad familiar no supere el 75% del salario mínimo interprofesional.

En relación con la primera, "tener familiares a cargo", entra en juego la exclusión del apartado segundo del art. 215.2 [actual 275.2 de la LGSS/2015]. Este, "hay que interpretarlo como excluyente tan sólo cuando se contempla al demandante del subsidio en su individualidad, y para poder apreciar si realmente tiene o no familiares a su cargo, pero si se llega a la conclusión de que los tiene, habrá que entrar en la aplicación del apartado primero del mismo precepto y dar solución al problema planteado desde la perspectiva familiar, tomando entonces en consideración todos los ingresos y todas las personas integrantes de la misma para poder llegar a determinar si la familia en su conjunto se halla en la situación de necesidad protegida contemplada por el precepto" (sentencias de 30 de mayo y 27 julio 2000 (rec. 2717/99 y 1894/99). Aplicando la anterior doctrina unificada al caso, es claro que el marido de la solicitante no está a su cargo, porque acredita ingresos muy superiores al salario mínimo interprofesional.

Pese a ello, sí ha quedado acreditada esa primera exigencia, puesto que la Sra. Gema tiene como familiar "a cargo" a su hijo privativo, aunque éste reciba alimentos de su padre. Las sentencias de 3-5-00 (rec. 331/1999) y 21-1-03 (rec. 152/02) enseñan que el concepto de hijo o familiar a cargo, debe entenderse en su sentido gramatical, es decir "como expresión que indica relación de una persona o cosa con la persona que tiene la obligación de cuidarla o atenderla". Y es evidente que es la actora la que cuida y atiende a su hijo, puesto que convive con el, y, además, está también obligada a contribuir económicamente a su alimentación en la parte proporcional le corresponda (arts. 90.c) y 93 del C.Civil); al margen del valor que para su anterior marido pueda tener el hecho de abonar 26.000 pesetas mensuales en concepto de alimentos, cuestión que la sentencia recurrida se plantea como mera hipótesis, y que, por consiguiente, no va a ser objeto de pronunciamiento por esta Sala al ser ajena al proceso».

STS n.º 912/2018, de 17 de octubre de 2018, ECLI:ES:TS:2018:3883

Para el cómputo de ingresos a efectos de acceder al subsidio por desempleo no computa la pareja de hecho.

STS n.º 384/2024, de 26 de febrero de 2024, ECLI:ES:TS:2024:1228

A efectos de carencia de rentas no computan las ayudas o subvención pública para la rehabilitación de la vivienda de la comunidad de propietarios que recibe la viuda en tanto que comunera.

STS n.º 500/2023, a 11 de julio de 2023, ECLI:ES:TS:2023:3446

Extinción del subsidio porque el beneficiario omite en la declaración de rentas al SPEE que había aceptado una herencia consistente en una cuota proindiviso de un inmueble. No ha de computarse el valor patrimonial.

CUESTIONES

1. ¿Los cambios en la situación económica o familiar pueden afectar la percepción del subsidio por desempleo?

La percepción del subsidio por desempleo está sujeta a una serie de condiciones y requisitos que incluyen la obligación de comunicar cualquier cambio en la situación económica o familiar del beneficiario. La falta de comunicación o la omisión de información relevante puede llevar a sanciones, incluyendo la suspensión o extinción del subsidio.

2. ¿Qué supondrá la ocultación de rentas a la entidad gestora por parte de los solicitantes?

La ocultación de rentas a la entidad gestora por parte de los solicitantes que, de haberlas tenido en cuenta, hubieran supuesto la denegación de la solicitud de reanudación o de prórroga implicará que el importe correspondiente al derecho reconocido en base a la misma sea declarado indebidamente percibido por la persona trabajadora, por lo que se le reclamará conforme a lo establecido en el art. 295 de la LGSS. Dicho periodo, indebidamente percibido, además, se entenderá como consumido a todos los efectos.

3. Los requisitos de carencia de rentas y, en su caso, de existencia de responsabilidades familiares, ¿deberán concurrir solo en la fecha de la solicitud del subsidio?

No. Los requisitos de carencia de rentas y, en su caso, de existencia de responsabilidades familiares deberán concurrir en la fecha de la solicitud del subsidio, así como en la fecha de la solicitud de sus prórrogas o reanudaciones.

Si un subsidio es denegado por rentas superiores a las legales, ¿es posible realizar una nueva solicitud transcurridos más de doce meses desde la anterior denegación?

4. ¿Cómo se justificará que se cumplen los requisitos de carencia de rentas, o de responsabilidades familiares, en la solicitud de alta inicial, reanudación y de las prórrogas del subsidio?

El interesado suscribirá una declaración responsable en la que deberá hacer constar todas las rentas e ingresos obtenidos durante el mes natural anterior tanto por él, como, en su caso, por el resto de los miembros de su unidad familiar. Dicha declaración será posteriormente contrastada con los datos que consten en sus declaraciones tributarias.

1.3. Requisitos específicos para el acceso al subsidio de desempleo según cada modalidad

Como tratamos en el siguiente apartado, en paralelo a los requisitos genéricos para el acceso al subsidio por desempleo, existen requisitos específicos para las distintas modalidades de subsidio establecidas:

- Subsidio por haber agotado la prestación contributiva por desempleo teniendo (o no) cargas familiares.
- Subsidio por no tener cotización suficiente para el acceso a la prestación contributiva por desempleo.
- Subsidio para emigrantes retornados.
- Subsidio por desempleo para víctimas de violencia de género o sexual.
- Subsidio por desempleo de trabajadores fijos discontinuos.
- Subsidio para mayores de 52 años.
- Subsidio por desempleo para trabajadores agrarios eventuales (subsidio agrario).

> **A TENER EN CUENTA.** En todos los casos el subsidio se reconocerá por periodos trimestrales, prorrogables hasta agotar la duración máxima.

CUESTIÓN

Si el trabajador tuviera derecho al subsidio por desempleo para trabajadores mayores de 52 años u otro por cumplir sus requisitos, ¿cuál percibirá?

Con carácter general, si el trabajador tuviera derecho al subsidio por desempleo para trabajadores mayores de 52 años percibiría éste. El art. 274.4 de la LGSS especifica:

«Podrán acceder al subsidio los trabajadores mayores de cincuenta y dos años, aun cuando no tengan responsabilidades familiares, siempre que se encuentren en alguno de los supuestos contemplados en los apartados anteriores, hayan cotizado por desempleo al menos durante seis años a lo largo de su vida laboral y acrediten que, en el momento de la solicitud, reúnen todos los requisitos, salvo la edad, para acceder a cualquier tipo de pensión contributiva de jubilación en el sistema de la Seguridad Social.

Si en la fecha en que se encuentren en alguno de los supuestos previstos en los apartados anteriores, los trabajadores no hubieran cumplido la edad de cincuenta y dos años, pero, desde dicha fecha, permanecieran inscritos ininterrumpidamente como demandantes de empleo en los servicios públicos de empleo, podrán solicitar el subsidio cuando cumplan esa edad. A estos efectos, se entenderá cumplido el requisito de inscripción ininterrumpida cuando cada una de las posibles interrupciones haya tenido una duración inferior a noventa días, no computándose los períodos que correspondan a la realización de actividad por cuenta propia o ajena. En este último caso, el trabajador no podrá acceder al subsidio cuando el cese en el último trabajo fuera voluntario».

2.
TIPOS DE SUBSIDIO Y SUS REQUISITOS ESPECÍFICOS SEGÚN CADA MODALIDAD: ¿CÓMO SABER SI TENGO DERECHO A SUBSIDIO DE DESEMPLEO?

A pesar de que con carácter general se repiten para las distintas modalidades existentes los distintos requisitos, analizamos cada una antes del desarrollo pormenorizado de la dinámica de la prestación.

2.1. Subsidio de desempleo por agotamiento de prestación contributiva

El art. 274.1.a) de la LGSS establece el acceso al subsidio por desempleo como consecuencia del agotamiento de prestaciones por desempleo. Se configura como una ayuda que el SPEE ofrece a aquellos desempleados que han terminado su paro. El Real Decreto-ley 2/2024 modifica este subsidio por desempleo desde el 23/05/2024 para las prestaciones desde el 01/11/2024.

Requisitos

Deben cumplirse los **requisitos genéricos para el acceso al subsidio por desempleo** (art. 274 y 275 de la LGSS) ya analizados. Para este supuesto ha de prestarse especial atención a:

- Estar desempleado.
- Haber agotado la prestación por desempleo.
- Estar inscritos como demandantes de empleo y haber suscrito el acuerdo de actividad regulado en el artículo 3 de la Ley 3/2023 de 28 de febrero.

- Carecer de rentas en los términos establecidos en el art. 275 de la LGSS.

- Tener responsabilidades familiares.

- En caso de ser menor de 45 años sin responsabilidades familiares se exigirá, además, que la prestación por desempleo agotada haya tenido una duración igual o superior a trescientos sesenta días [art. 274.1.a) de la LGSS].

Duración, nacimiento y prórroga del derecho al subsidio

La duración máxima del subsidio por desempleo se determinará en función de la edad de la persona solicitante en la fecha de agotamiento de la prestación por desempleo, la acreditación de responsabilidades familiares y la duración de la prestación por desempleo agotada, con arreglo a la siguiente tabla (art. 277.1 de la LGSS):

Existencia de responsabilidades familiares	Edad en la fecha de agotamiento de la prestación	Duración de la prestación por desempleo agotada	Duración máxima del subsidio
No.	<45	>= 360 días	6 meses.
No.	>45	>= 120 días	6 meses.
Sí.	Indiferente.	>= 120 días	24 meses.
Sí.	Indiferente.	>=180 días	30 meses.

A TENER EN CUENTA. Quienes hubieran accedido al subsidio sin acreditar responsabilidades familiares, podrán hacerlo posteriormente, siempre que dicha acreditación y la solicitud de ampliación del subsidio tenga lugar dentro del plazo de los doce meses siguientes a la fecha del hecho causante del subsidio. En este caso, se ampliará la duración máxima del subsidio inicialmente reconocido hasta la que corresponda en función de la duración de la prestación contributiva agotada.

La regulación del **nacimiento, solicitud y prórroga del derecho al subsidio** se fija en el art. 276 de la LGSS en las condiciones generales analizadas.

Cuantía

De acuerdo con lo previsto en el art. 278 de la LGSS, la cuantía del subsidio será igual a los siguientes porcentajes del indicador público de rentas de efectos múltiples mensual vigente en cada momento:

- 95 % del IPREM durante los ciento ochenta primeros días.

- 90 % del IPREM por ciento desde el día ciento ochenta y uno al día trescientos sesenta.

- 80 % del IPREM a partir del día trescientos sesenta y uno.

Compatibilización de la prestación con el trabajo por cuenta ajena

El art. 282 de la LGSS y el art. 15 del Real Decreto 625/1985, regulan las **compatibilidades e incompatibilidades del subsidio por desempleo**. Tras las modificaciones realizadas por el Real Decreto-ley 2/2024, de 21 de mayo, es posible compatibilizar el trabajo a tiempo parcial o completo con la percepción de prestaciones por desempleo percibiendo el denominado «complemento de apoyo al empleo».

Como peculiaridad de los subsidios por agotamiento de la prestación contributiva **reconocidos a partir de 1 de abril de 2025**, la D.A. 59.ª de la LGSS, establece que «(...) se entenderá, a efectos de determinación de la cuantía inicial del complemento de apoyo al empleo, como una continuación de la citada prestación». Así, para quien acceda a estos subsidios después de haber agotado una prestación por desempleo de más de doce meses, la cuantía del complemento de apoyo al empleo por compatibilidad con empleo a tiempo completo y a tiempo parcial se determinará de acuerdo con la tabla del art. 282.3 de la LGSS, considerándose como referencia temporal el número de meses transcurridos en cada momento a partir del decimotercer mes de prestación.

Suspensión, reanudación y extinción del derecho al subsidio

Con carácter general, una vez reconocido un periodo trimestral del subsidio (art. 274.1 del ET), este se suspenderá por las causas previstas en el art. 271 de la LGSS y se **reanudará** en la forma y plazos previstos en el mismo, siempre que el beneficiario acredite que mantiene el cumplimiento de los requisitos de acceso.

El subsidio se extinguirá por las causas previstas en el art. 272 de la LGSS, excepto la regulada en su letra h), así como por el transcurso de seis meses desde el agotamiento de la prórroga trimestral o desde la finalización de la situación específica que implicó su suspensión, salvo, en ambos casos, en el supuesto de que el trabajador se encuentre en esa fecha en la situación prevista en el último párrafo del art. 276.2 de la LGSS, en cuyo caso se extinguirá por el transcurso del plazo de los quince días hábiles siguientes a la finalización del trabajo sin haber solicitado la prórroga o reanudación acreditando cumplir todos los requisitos para su reconocimiento.

Solicitud

Se formalizará en el plazo de quince días, desde la inscripción como demandante de empleo, en la oficina de prestaciones, o bien a través de www.sepe.es.

Resultará de aplicación lo previsto en el art. 276 de la LGSS.

2.2. Subsidio por cotización insuficiente para prestación contributiva

El art. 274.1.b) de la LGSS establece el acceso al subsidio por desempleo por encontrarse en situación legal de desempleo sin tener cubierto el periodo mínimo de cotización para tener derecho a la prestación contributiva, **siempre que hayan cotizado al menos noventa días**. El Real Decreto-ley 2/2024 modifica este subsidio por desempleo desde el 23/05/2024 para las prestaciones desde el 01/11/2024.

Requisitos

Deben cumplirse los **requisitos genéricos para el acceso al subsidio por desempleo** (art. 274 y 275 de la LGSS) ya analizados. Para este supuesto ha de prestarse especial atención a:

- Estar desempleado y en situación legal de desempleo.
- Estar inscritos como demandantes de empleo y haber suscrito el acuerdo de actividad regulado en el artículo 3 de la Ley 3/2023 de 28 de febrero.
- Tener cotizados, en un régimen de la Seguridad Social que contemple la contingencia de desempleo, entre 90 y 180 días en función de la existencia de responsabilidades familiares.
- Carecer de rentas en los términos establecidos en el art. 275 de la LGSS.
- Las cotizaciones que sirvieron para el nacimiento del subsidio no podrán ser tenidas en cuenta para el reconocimiento de un futuro derecho a la prestación o al subsidio por desempleo.

Duración, nacimiento y prórroga del derecho al subsidio

En estos supuestos, la duración máxima del subsidio se determinará en función del periodo de ocupación cotizado y de la acreditación de responsabilidades familiares, con arreglo a la siguiente tabla (art. 277.2 de la LGSS):

Periodo mínimo de ocupación cotizada	Acreditación de responsabilidades familiares	Duración máxima del subsidio
90 días.	Indiferente.	3 meses.
120 días.	Indiferente.	4 meses.
150 días.	Indiferente.	5 meses.
180 días.	Indiferente.	6 meses.
180 días.	Sí	21 meses.

A TENER EN CUENTA. Quienes hubieran accedido al subsidio por acreditar seis meses de cotización sin responsabilidades familiares, podrán hacerlo posteriormente, siempre que dicha acreditación y la solicitud de ampliación del subsidio tenga lugar dentro del plazo de doce meses siguientes a la fecha del hecho causante del subsidio. En este caso, se ampliará la duración máxima del subsidio inicialmente reconocido hasta los veintiún meses.

La **regulación del nacimiento, solicitud y prórroga del derecho al subsidio** se fija en el art. 276 de la LGSS en las condiciones generales analizadas.

Cuantía

De acuerdo con lo previsto en el art. 278 de la LGSS, la cuantía del subsidio será igual a los siguientes porcentajes del indicador público de rentas de efectos múltiples mensual vigente en cada momento:

- 95 % del IPREM durante los ciento ochenta primeros días.
- 90 % del IPREM por ciento desde el día ciento ochenta y uno al día trescientos sesenta.
- 80 % del IPREM a partir del día trescientos sesenta y uno.

Compatibilización de la prestación con el trabajo por cuenta ajena

El art. 282 de la LGSS y el art. 15 del Real Decreto 625/1985, regulan las **compatibilidades e incompatibilidades del subsidio por desempleo.** Tras las modificaciones realizadas por el Real Decreto-ley 2/2024, de 21 de mayo, es posible compatibilizar el trabajo a tiempo parcial o completo con la percepción de prestaciones por desempleo percibiendo el denominado «complemento de apoyo al empleo».

Suspensión, reanudación y extinción del derecho al subsidio

Con carácter general, una vez reconocido un periodo trimestral del subsidio (art. 274.1 del ET), este se suspenderá por las causas previstas en el art. 271 de la LGSS y se reanudará en la forma y plazos previstos en el mismo, siempre que el beneficiario acredite que mantiene el cumplimiento de los requisitos de acceso (art. 279 de la LGSS).

El subsidio se extinguirá por las causas previstas en el art. 272 de la LGSS, excepto la regulada en su letra h), así como por el transcurso de seis meses desde el agotamiento de la prórroga trimestral o desde la finalización de la situación específica que implicó su suspensión, salvo, en ambos casos, en el supuesto de que el trabajador se encuentre en esa fecha en la situación prevista en el último párrafo del art. 276.2 de la LGSS, en cuyo caso se extinguirá por el transcurso del plazo de los quince días hábiles siguientes a la finalización del trabajo sin haber solicitado la prórroga o reanudación acreditando cumplir todos los requisitos para su reconocimiento.

Solicitud

Se formalizará en el plazo de quince días, desde la inscripción como demandante de empleo, en la oficina de prestaciones, o bien a través de www.sepe.es.

Resultará de aplicación lo previsto en el art. 276 de la LGSS.

2.3. Subsidio para emigrantes retornados

El subsidio por desempleo para emigrantes retornados es una ayuda otorgada por el SPEE al que tienen derecho las personas españolas emigrantes retornadas de determinados países en los que han trabajado, siempre que no tengan derecho a la prestación contributiva y se cumplan los requisitos establecidos.

La D.A. 57.ª de la LGSS y el art. 11 del Real Decreto 625/1985, de 2 de abril, regulan el acceso a esta modalidad de subsidio por desempleo para los trabajadores españoles que acrediten su condición de emigrantes retornados mediante el Certificado de Emigrante retornado expedido por el Área o Dependencia de Trabajo e Inmigración de la Delegación o Subdelegación del Gobierno de la provincia correspondiente al domicilio en el que ha fijado su residencia en España. El Real Decreto-ley 2/2024 modifica este subsidio por desempleo desde el 23/05/2024 para las prestaciones desde el 01/11/2024.

En lo no previsto expresamente en la citada D.A. 57.ª de la LGSS se estará a lo establecido en el título III de la LGSS.

Requisitos

Deben cumplirse **los requisitos genéricos para el acceso al subsidio por desempleo** (art. 274 y 275 de la LGSS) ya analizados. Para este supuesto ha de prestarse especial atención a:

- Estar desempleados.
- No tener derecho a la prestación por desempleo de nivel contributivo.
- Estar inscritos como demandantes de empleo y haber suscrito el acuerdo de actividad regulado en el art. 3 de la Ley 3/2023 de 28 de febrero.
- Haber retornado de países no pertenecientes al Espacio Económico Europeo, o con los que no exista convenio sobre protección por desempleo.

- Haber trabajado en los citados países, como mínimo, doce meses en los últimos seis años desde su última salida de España. Los hijos o nietos de emigrantes españoles que por primera vez vayan a fijar su residencia permanente en España, han de haber ejercido la nacionalidad española durante la realización de los doce meses de trabajo.

- No haber obtenido prestaciones por desempleo en el país de emigración.

- Carecer de rentas en los términos establecidos en el art. 275 de la LGSS.

Acreditación de la situación legal de desempleo de los emigrantes retornados

El certificado de emigrante retornado es un documento esencial para acceder a prestaciones por desempleo en España para aquellos que regresan de países fuera de la UE, EEE, Suiza y Australia.

Para acreditar la situación legal de desempleo de los emigrantes retornados el art. 11 del Real Decreto 625/1985, de 2 de abril, dispone que, para acreditar la situación legal de desempleo, los emigrantes retornados deberán aportar **certificación del Instituto Español de Emigración en la que conste la fecha del retorno, el tiempo trabajado en el país extranjero, el período de ocupación cotizada, en su caso, así como que no tienen derecho a prestaciones por desempleo en dicho país.**

Este certificado acredita la situación legal de desempleo del solicitante. Incluye información sobre la fecha de retorno, el tiempo trabajado en el extranjero, el periodo de ocupación cotizado y la ausencia de derecho a prestación por desempleo en el país de emigración.

Para obtener el certificado, el emigrante retornado debe presentar la siguiente documentación ante el Área o Dependencia de Trabajo e Inmigración de la Delegación o Subdelegación del Gobierno de su provincia de residencia (Guía del retorno. Dirección General de Migraciones):

- Identidad: pasaporte o DNI en vigor.

- Nacionalidad Española: acreditada mediante DNI, pasaporte, certificado de inscripción en el Registro de Matrícula Consular y, en su caso, partida literal de nacimiento.

- Fecha de última salida de España: pasaporte u otro documento justificativo.

- Datos del retorno a España: fecha de empadronamiento en España u otro medio válido en derecho.

- Trabajo Realizado en el Extranjero: contratos de trabajo, hojas salariales, cotización a la Seguridad Social y/o certificado de trabajo de la empresa.

- Adveración de Documentos: por la Consejería de Trabajo, Migraciones y Seguridad Social española del país de procedencia.

- Legalización de Documentos: por el Consulado o apostillado según el Convenio de la Haya.

- Declaración Responsable: acreditando que no se ha obtenido prestaciones por desempleo en el país de emigración.

Excepciones:

Los españoles que retornen de países miembros de la UE, EEE, Suiza o Australia (con residencia permanente) no necesitan el certificado de emigrante retornado. En su lugar, deben presentar los siguientes formularios:

- UE y Suiza: Formulario U1.

- Noruega, Islandia y Liechtenstein: Formulario E301.

- Australia (residencia permanente): Formulario «Verification of working life residence in Australia» (AUS027).

JURISPRUDENCIA

STS n.º 691/2021, de 17 de mayo de 2021, ECLI:ES:TS:2021:2015

«Conviene tener en cuenta que el ahora recurrente nació en Venezuela en el año 1974, y desde 1996, que opta por la nacionalidad española, tiene la doble nacionalidad. Si bien, cuando regresa a Venezuela tras haber trabajado en España en el año 2003 y residir también en 2004, estuvo trabajando, en su país de origen, en su condición de nacional de dicho país. De modo que en el desempeño de su trabajo no tuvo que obtener ningún permiso o visado de carácter laboral, que se exige a los ciudadanos españoles. En definitiva, el trabajo desempeñado en Venezuela lo realiza como ciudadano venezolano, como pone de manifiesto la documentación laboral que aportó, y que se toma en consideración por la resolución administrativa denegatoria del certificado, al margen, por tanto, de la documentación propia, como el documento nacional de identidad, de su condición de ciudadano español.

De modo que no se cumplen las exigencias legalmente establecidas para la obtención del indicado certificado, que permite tener derecho al subsidio de desempleo, porque, en primer lugar, no se trata de un trabajador español que ha emigrado, sino de un ciudadano con doble nacionalidad, que vuelve a su país de origen, y porque, en segundo lugar, ha estado trabajando en dicho país, Venezuela, cumpliendo las exigencias propias de la ciudadanía venezolana, y no las que hubieran derivado de su condición de ciudadano español. Por lo que al regresar a España no puede considerarse, a los efectos señalados, que se trate de un ciudadano español que regresa o retorna a España, desde un país extranjero no perteneciente al Espacio Económico Europeo, o con los que no exista convenio sobre protección por desempleo».

STS, rec. 38/2012, de 17 de diciembre de 2012, ECLI:ES:TS:2012:9136

Se analiza el cumplimiento del requisito de haber prestado servicios en espacio no comunitario durante doce meses en los últimos seis años desde su última salida de España para lucrar el subsidio por desempleo para trabajadores emigrantes retornados. Voto particular.

STS, rec. 1054/2011, de 24 de enero de 2012, ECLI:ES:TS:2012:974

Subsidio de Desempleo para trabajadores que retornan a España. Suscripción de convenio especial.

STS, rec. 3031/2008, de 26 de mayo de 2009, ECLI:ES:TS:2009:4921

Subsidio de desempleo de mayores de 52 de trabajadores que han cotizado en diversos Estados de la Comunidad.

STS rec. 1813/2008, de 28 de abril de 2009, ECLI:ES:TS:2009:3261

Subsidio para mayores de 52 años. Trabajador retornado extranjero. Falta de carencia específica. Cese voluntario en el trabajo en aquel país, no impide la aplicación de la teoría del paréntesis.

STS, rec. 1308/2008, de 29 de enero de 2009, ECLI:ES:TS:2009:473

Desempleo asistencial para mayores de 52 años. Español retornado que percibió prestaciones por desempleo conforme a la legislación alemana y no acredita haber cotizado por desempleo, en último lugar, en España.

Duración

La duración máxima del subsidio será de dieciocho meses.

Cuantía

De acuerdo con lo previsto en el art. 278 de la LGSS, la cuantía del subsidio será igual a los siguientes porcentajes del indicador público de rentas de efectos múltiples mensual vigente en cada momento:

- 95 % del IPREM durante los ciento ochenta primeros días.
- 90 % del IPREM por ciento desde el día ciento ochenta y uno al día trescientos sesenta.
- 80 % del IPREM a partir del día trescientos sesenta y uno.

Compatibilidad/Incompatibilidad

Este subsidio es incompatible con el trabajo por cuenta propia, aunque no implique la inclusión obligatoria en alguno de los regímenes de la Seguridad Social o en alguna mutualidad de previsión social alternativa.

A este subsidio también se aplicará el régimen de compatibilidad establecido en el art. 282.3 de la LGSS por el que se regula el CAF. No obstante, se aplicará según distintos **periodos**:

- **En el periodo desde el 1 de noviembre de 2024 hasta el 31 de mayo de 2025**: será incompatible con el trabajo por cuenta ajena, excepto cuando este se realice a tiempo parcial y se haya reconocido la compatibilidad por cumplir su beneficiario todos los requisitos exigidos para ello, en cuyo caso se deducirá de su importe la parte proporcional al tiempo trabajado. Esta deducción se efectuará además de cuando se acceda al subsidio manteniendo un contrato a tiempo parcial, cuando se esté percibiendo el subsidio y se obtenga un trabajo a tiempo parcial. En este caso, si la compatibilidad se solicita dentro de los quince días hábiles siguientes a la fecha de inicio de la relación laboral, se aplicará desde dicha fecha, y si se solicita una vez transcurrido dicho plazo, se aplicará desde la fecha de la solicitud.

- **A partir de 1 de junio de 2025**: será de aplicación el régimen de compatibilidad como complemento de apoyo al empleo del subsidio para emigrantes retornados con el trabajo por cuenta ajena en las condiciones establecidas por la D.A. 57.ª y la D.A. 58.ª de la LGSS.

Suspensión, reanudación y extinción del derecho al subsidio

Con carácter general, una vez reconocido un periodo trimestral del subsidio (art. 274.1 del ET), este se suspenderá por las causas previstas en el art. 271 de la LGSS y se reanudará en la forma y plazos previstos en el mismo, siempre que el beneficiario acredite que mantiene el cumplimiento de los requisitos de acceso.

El subsidio se extinguirá por las causas previstas en el art. 272 de la LGSS, excepto la regulada en su letra h), así como por el transcurso de seis meses desde el agotamiento de la prórroga trimestral o desde la finalización de la situación específica que implicó su suspensión, salvo, en ambos casos, en el supuesto de que el trabajador se encuentre en esa fecha en la situación prevista en el último párrafo del art. 276.2 de la LGSS, en cuyo caso se extinguirá por el transcurso del plazo de los quince días hábiles siguientes a la finalización del trabajo sin haber solicitado la prórroga o reanudación acreditando cumplir todos los requisitos para su reconocimiento.

Solicitud

Se formalizará en el plazo de quince días, desde la inscripción como demandante de empleo, en la oficina de prestaciones, o bien a través de www.sepe.es.

Resultará de aplicación lo previsto en el art. 276 de la LGSS

> **JURISPRUDENCIA**
>
> STS, rec. 735/2012, de 21 enero 2013, ECLI:ES:TS:2013:309, STS, rec. 1277/2012, de 31 de enero de 2013, ECLI:ES:TS:2013:824, STS, rec. 1269/2012, de 19 de febrero de 2013, ECLI:ES:TS:2013:864 y STS, rec. 792/2012, de 17 de septiembre de 2013, ECLI:ES:TS:2013:4780
>
> Emigrante retornado. Derecho a subsidio por desempleo del art. 274.1.c) de la LGSS. «Retorno» y «última salida» en caso de encadenamiento de contratos temporales de embarque.

2.4. Subsidio por desempleo para víctimas de violencia de género o sexual

Las víctimas de violencia de género o sexual podrán pedir el subsidio por desempleo a partir del 1 de noviembre de 2024, durante un periodo máximo de 30 meses cuando no tengan derecho a la prestación por desempleo de nivel contributivo, no hayan sido beneficiarias de tres derechos al programa de Renta Activa de Inserción, estén inscritas como demandantes de empleo y carezcan de rentas propias.

La D.A. 58.ª de la LGSS regula el acceso a esta modalidad de subsidio para las personas víctimas de violencia de género o sexual.

Tendrán consideración de **víctimas de violencia de género y sexual** las personas a las que se refiere, respectivamente, el art. 1.1 y 4 de la Ley Orgánica 1/2004, de 28 de diciembre, de Medidas de Protección Integral contra la Violencia de Género, y el artículo 3.1 y 2 de la Ley Orgánica 10/2022, de 6 de septiembre, de garantía integral de la libertad sexual. Del mismo modo, este subsidio resultará de aplicación a las **víctimas de violencia ejercida por sus padres o por sus hijos**.

Requisitos

Deben cumplirse los **requisitos genéricos para el acceso al subsidio por desempleo** (art. 274 y 275 de la LGSS) ya analizados. Para este supuesto ha de prestarse especial atención a:

- No tener derecho a la prestación por desempleo de nivel contributivo.

- No haber sido beneficiarias de tres derechos al programa de renta activa de inserción regulados en el Real Decreto 1369/2006, de 24 de noviembre, aunque no se hubieran disfrutado por el periodo de duración máxima de la renta, salvo que, desde la fecha del nacimiento del primero de los derechos hasta la de la solicitud del subsidio hubieran transcurrido tres o más años.

- Estar inscritas como demandantes de empleo y haber suscrito el acuerdo de actividad regulado en el artículo 3 de la Ley 3/2023, de 28 de febrero.

- Carecer de rentas propias en los términos previstos en el art. 275.1 de la LGSS, salvo en el supuesto de que se tenga cónyuge, pareja de hecho y/o hijos menores de veintiséis años, o mayores con discapacidad, o menores acogidos y acogidas o en guarda con fines de adopción o acogimiento, en cuyo caso, se deberá cumplir el requisito de tenencia de responsabilidades familiares conforme a lo establecido en los apartados 2 y 3 del mismo artículo.

Acreditación de la situación de víctimas de violencia de género o sexual

Las situaciones de violencia de género o sexual que dan lugar al reconocimiento del subsidio por desempleo se acreditarán, respectivamente, conforme a lo establecido en el art. 23 de la Ley Orgánica 1/2004, de 28 de diciembre, y según lo dispuesto en el art. 37 de la Ley Orgánica 10/2022, de 6 de septiembre.

|| Acreditación de situaciones de violencia de género

Las situaciones de violencia de género que dan lugar al reconocimiento de los derechos regulados en esta ley se acreditarán mediante una sentencia condenatoria por cualquiera de las manifestaciones de la violencia contra las mujeres previstas en esta ley, una orden de protección o cualquier otra resolución judicial que acuerde una medida cautelar a favor de la víctima, o bien por el informe del Ministerio Fiscal que indique la existencia de indicios de que la demandante es víctima de violencia de género. También podrán acreditarse las situaciones de violencia contra las mujeres mediante informe de los servicios sociales, de los servicios especializados, o de los servicios de acogida de la Administración Pública competente destinados a las víctimas de violencia de género, o por cualquier otro título, siempre que ello esté previsto en las disposiciones normativas de carácter sectorial que regulen el acceso a cada uno de los derechos y recursos.

En el caso de víctimas menores de edad, la acreditación podrá realizarse, además, por documentos sanitarios oficiales de comunicación a la Fiscalía o al órgano judicial.

|| Acreditación de la existencia de violencias sexuales

A estos efectos, también podrán acreditarse las situaciones de violencias sexuales mediante informe de los servicios sociales, de los servicios especializados en igualdad y contra la violencia de género, de los servicios de acogida destinados a víctimas de violencias sexuales de la Administración Pública competente, o de la Inspección de Trabajo y de la Seguridad Social, en los casos objeto de actuación inspectora; por sentencia recaída en el orden jurisdiccional social; o por cualquier otro título, siempre que ello esté previsto en las disposiciones normativas de carácter sectorial que regulen el acceso a cada uno de los derechos y recursos.

En el caso de víctimas menores de edad, y a los mismos efectos, la acreditación podrá realizarse, además, por documentos sanitarios oficiales de comunicación a la Fiscalía o al órgano judicial.

El Gobierno y las comunidades autónomas, en el marco de la Conferencia Sectorial de Igualdad, diseñarán, de común acuerdo, los procedimientos básicos que permitan poner en marcha los sistemas de acreditación de las situaciones de violencia sexual.

A TENER EN CUENTA. En ambos casos, los datos personales, tanto de las víctimas como de terceras personas, contenidos en los citados documentos serán tratados con las garantías establecidas en la normativa de protección de datos personales. Las comunidades autónomas pueden contar con sistemas propios para la acreditación de las situaciones de violencia de género o sexual.

|| Víctimas de violencia ejercida por sus padres o por sus hijos

En el supuesto de víctimas de violencia ejercida por sus padres o por sus hijos, la situación de violencia se acreditará mediante sentencia o cualquier otra resolución judicial que acuerde una medida cautelar a favor de la víctima, o bien por el informe del Ministerio Fiscal.

Duración

La duración máxima del subsidio será de **treinta meses**, salvo que la persona hubiera sido beneficiaria con anterioridad de uno o dos derechos al programa de Renta Activa de Inserción (Real Decreto 1369/2006, de 24 de noviembre), en cuyo caso, la duración máxima será de **veinte y de diez meses, respectivamente**.

Las personas que hayan agotado la duración máxima del subsidio por ser víctimas de violencia de género o sexual (30, 20 o 10 meses según el caso), podrán acceder de nuevo al mismo una vez transcurridos **tres o más años desde el nacimiento del primer derecho** si cumplen los requisitos (D.A. 58.ª 10 de la LGSS).

Cuantía

De acuerdo con lo previsto en el art. 278 de la LGSS, la cuantía del subsidio será igual a los siguientes porcentajes del indicador público de rentas de efectos múltiples mensual vigente en cada momento:

- 95 % del IPREM durante los ciento ochenta primeros días.
- 90 % del IPREM por ciento desde el día ciento ochenta y uno al día trescientos sesenta.
- 80 % del IPREM a partir del día trescientos sesenta y uno.

Compatibilidad e incompatibilidad

Este subsidio es incompatible con el trabajo por cuenta propia, aunque no implique la inclusión obligatoria en alguno de los regímenes de la Seguridad Social o en alguna mutualidad de previsión social alternativa.

A este subsidio también se le aplicará el **régimen de compatibilidades e incompatibilidades** establecido en el art. 282.3 de la LGSS por el que se regula el CAE. No obstante, se aplicará según distintos periodos:

- **En el periodo desde el 1 de noviembre de 2024 hasta el 31 de mayo de 2025**: será incompatible con el trabajo por cuenta ajena, excepto cuando este se realice a tiempo parcial y se haya reconocido la compatibilidad por cumplir su beneficiario todos los requisitos exigidos para ello, en cuyo caso se deducirá de su importe la parte proporcional al tiempo trabajado. Esta deducción se efectuará además de cuando se acceda al subsidio manteniendo un contrato a tiempo parcial, cuando se esté percibiendo el subsidio y se obtenga un trabajo a tiempo parcial. En este caso, si la compatibilidad se solicita dentro de los quince días hábiles siguientes a la fecha de inicio de la relación laboral, se aplicará desde dicha fecha, y si se solicita una vez transcurrido dicho plazo, se aplicará desde la fecha de la solicitud.

- **A partir de 1 de junio de 2025**: será de aplicación el régimen de compatibilidad como complemento de apoyo al empleo del subsidio para emigrantes retornados con el trabajo por cuenta ajena en las condiciones establecidas por la D.A. 57.ª y la D.A. 58.ª de la LGSS.

Suspensión, reanudación y extinción del derecho al subsidio

Con carácter general, una vez reconocido un periodo trimestral del subsidio (art. 274.1 del ET), este se suspenderá por las causas previstas en el art. 271 de la LGSS y se reanudará en la forma y plazos previstos en el mismo, siempre que el beneficiario acredite que mantiene el cumplimiento de los requisitos de acceso (art. 279 de la LGSS).

El subsidio **se extinguirá** por las causas previstas en el art. 272 de la LGSS, excepto la regulada en su letra h), así como por el transcurso de seis meses desde el agotamiento de la prórroga trimestral o desde la finalización de la situación específica que implicó su suspensión, salvo, en ambos casos, en el supuesto de que el trabajador se encuentre en esa fecha en la situación prevista en el último párrafo del art. 276.2 de la LGSS, en cuyo caso se extinguirá por el transcurso del plazo de los quince días hábiles siguientes a la finalización del trabajo sin haber solicitado la prórroga o reanudación acreditando cumplir todos los requisitos para su reconocimiento.

Solicitud

Resultará de aplicación lo previsto en el art. 276 de la LGSS.

Se formalizará en el plazo de quince días, desde la inscripción como demandante de empleo, en la oficina de prestaciones, o bien a través de www.sepe.es.

2.5. Subsidio por desempleo de trabajadores fijos discontinuos

Cuando los trabajadores fijos discontinuos no tengan la posibilidad de acceder a la prestación contributiva por desempleo o la misma se agote, este colectivo tendrá acceso a los mismos subsidios que el resto de personas trabajadoras: por agotamiento de la prestación contributiva, por cotización insuficiente para prestación contributiva y para mayores de 52 años.

Durante los períodos de inactividad productiva de los trabajadores fijos-discontinuos se encontrarán en situación legal de desempleo [art. 267.1.d) de la LGSS]. Es decir, el trabajador fijo discontinuo, a pesar de tener un contrato indefinido, podrá lucrar la correspondiente prestación contributiva cuando está en una situación de inactividad. En paralelo, cuando no exista la posibilidad de acceder a la prestación contributiva o la misma se agote, **este colectivo tendrá acceso a los mismos subsidios que el resto de personas trabajadoras: por agotamiento de la prestación contributiva, por cotización insuficiente para prestación contributiva y para mayores de 52 años.**

Del mismo modo, los trabajadores fijos discontinuos podrán compatibilizar el subsidio con el trabajo mediante el CAE.

Requisitos

Deben cumplirse los **requisitos genéricos para el acceso al subsidio por desempleo** (art. 274 y 275 de la LGSS) ya analizados. Para este supuesto ha de prestarse especial atención a:

‖ **Requisitos generales para el acceso al subsidio por desempleo según el art. 274 de la LGSS**

- Haber agotado la prestación por desempleo. En caso de ser menor de cuarenta y cinco años sin responsabilidades familiares se exigirá, además, que la prestación por desempleo agotada haya tenido una duración igual o superior a trescientos sesenta días.

- Encontrarse en situación legal de desempleo sin tener cubierto el periodo mínimo de cotización para tener derecho a la prestación contributiva, siempre que hayan cotizado al menos noventa días.

- No tener derecho a la prestación contributiva por desempleo, no encontrase en supuesto de incompatibilidad y carecer de rentas propias, o bien, alternativamente, acreditar responsabilidades familiares.

- La inscripción como demandante de empleo, así como la suscripción del acuerdo de actividad regulado en el art. 3 de la Ley 3/2023, de 28 de febrero.

‖ **Requisito de carencia de rentas y responsabilidades familiares para el acceso al subsidio por desempleo según el art. 275 de la LGSS**

Este colectivo también tendrá que cumplir el requisito de rentas (no tener ingresos propios superiores al 75 % del SMI) o responsabilidades familiares en los términos establecidos en el art. 275 de la LGSS.

‖ **Requisitos que debe cumplir el trabajador fijo discontinuo para el acceso los distintos tipos de subsidio**

Deben cumplirse los requisitos establecidos en los **supuestos de acceso:**

- **Subsidio por desempleo ante cotizaciones insuficientes para el acceso a la prestación contributiva por desempleo**: el art. 274.1.b) de la LGSS establece el acceso al subsidio por desempleo por encontrarse en situación legal de desempleo sin tener cubierto el periodo mínimo de cotización para tener derecho a la prestación contributiva, siempre que hayan cotizado al menos noventa días.

- **Subsidio de desempleo por agotamiento de prestación contributiva**: el art. 274.1.a) de la LGSS establece el acceso al subsidio por desempleo como consecuencia del agotamiento de prestaciones por desempleo.

- **Subsidio para mayores de 52 años**: cumplir los requisitos establecidos en el art. 280 de la LGSS.

Duración, cuantía, solicitudes, nacimiento y prórroga del derecho al subsidio

La **duración** y cuantía está en función de la modalidad de subsidio a que se tenga derecho:

- **Subsidio por desempleo ante cotizaciones insuficientes para el acceso a la prestación contributiva por desempleo y subsidio de desempleo por agotamiento de prestación contributiva**: La cuantía del subsidio será igual a los siguientes porcentajes del indicador público de rentas de efectos múltiples mensual vigente en cada momento: el 95 por ciento durante los ciento ochenta primeros días, el 90 por ciento desde el día ciento ochenta y uno al día trescientos sesenta, y el 80 por ciento a partir del día trescientos sesenta y uno (art. 278 de la LGSS).

- **Subsidio para mayores de 52 años**: 80 por ciento del indicador público de rentas de efectos múltiples mensual vigente en cada momento (art. 280 de la LGSS).

El art. 276 de la LGSS, regula las solicitudes, nacimiento y prórroga del derecho al subsidio sin especificaciones para los trabajadores fijos discontinuos.

El subsidio por desempleo recibido por el trabajador fijo discontinuo **se compatibilizará como complemento de apoyo al empleo** conforme a lo previsto en el art. 282.3 de la LGSS, donde se establece:

> «La extinción o suspensión de la relación laboral, o la interrupción de la actividad fija discontinua que haya originado el complemento de apoyo al empleo, deberá ser comunicada a la entidad gestora por el beneficiario, en el plazo de los quince días hábiles siguientes, e implicará la suspensión del subsidio, que podrá reanudarse sin compatibilidad previa solicitud del interesado siempre que acredite situación legal de desempleo e inscripción como demandante de empleo y que cumpla los requisitos de carencia de rentas o de responsabilidades familiares.
>
> No obstante, si en la fecha de extinción o suspensión de dicha relación laboral, o de interrupción de la actividad, se mantuviera otra, se podrá seguir percibiendo el complemento de apoyo al empleo según lo regulado en este apartado, previo ajuste de su cuantía considerando la jornada ordinaria de trabajo pactada y el trimestre en que se encuentre el subsidio en el momento de surtir efectos la variación».

Será obligación de los beneficiarios de prestaciones por desempleo comunicar las situaciones de interrupción de la actividad fija discontinua suspensión o extinción de la relación laboral que originó el complemento de apoyo al empleo [art. 299.1.i) de la LGSS].

Suspensión, reanudación y extinción del derecho al subsidio para fijos discontinuos

Con carácter general, una vez reconocido un periodo trimestral del subsidio (art. 274.1 del ET), este se suspenderá por las causas previstas en el art. 271 de la LGSS y **se reanudará** en la forma y plazos previstos en el mismo, siempre que el beneficiario acredite que mantiene el cumplimiento de los requisitos de acceso.

Cuando los trabajadores fijos-discontinuos que sean llamados a reiniciar su actividad no se reincorporen a su puesto de trabajo, salvo causa justificada [art. 271.1. l) de la LGSS].

El subsidio se extinguirá por las causas previstas en el art. 272 de la LGSS, excepto la regulada en su letra h), así como por el transcurso de seis meses desde el agotamiento de la prórroga trimestral o desde la finalización de la situación específica que implicó su suspensión, salvo, en ambos casos, en el supuesto de que el trabajador se encuentre en esa fecha en la situación prevista en el último párrafo del art. 276.2 de la LGSS, en cuyo caso se extinguirá por el transcurso del plazo de los quince días hábiles siguientes a la finalización del trabajo sin haber solicitado la prórroga o reanudación acreditando cumplir todos los requisitos para su reconocimiento.

El subsidio para trabajadores mayores de 52 años se suspenderá, reanudará y extinguirá conforme a lo previsto en el art. 280 de la LGSS.

Solicitud

Resultará de aplicación lo previsto en el art. 276 de la LGSS.

Se formalizará en el plazo de quince días, desde la inscripción como demandante de empleo, en la oficina de prestaciones, o bien a través de www.sepe.es.

2.6. Subsidio por desempleo para mayores de 52 años

Repaso de los cambios normativos más significativos hasta el momento actual

1. Mediante el **Real Decreto-ley 20/2012, de 13 de julio**, de medidas para garantizar la estabilidad presupuestaria y de fomento de la competitividad, se modificó la regulación del subsidio para mayores de 52 años contenida

en el entonces vigente Real Decreto Legislativo 1/1994, de 20 de junio. Las modificaciones afectaron tanto a la edad de acceso, que se elevó a 55 años, como a su duración, que se redujo desde la edad legal de jubilación hasta el momento en que se pudiera tener acceso a la pensión contributiva de jubilación en cualquiera de sus modalidades, y también a la cotización, que se rebajó desde el 125 por ciento al 100 por ciento del tope mínimo de cotización vigente en cada momento.

2. El art. 1 del **Real Decreto-ley 8/2019, de 8 de marzo**, contempla la modificación de la regulación del subsidio por desempleo para mayores de 55 años (AHORA 52) en seis aspectos: reducción de la edad de acceso de 55 a 52 años; supresión del requisito de tener cumplida la edad de 52 años en el momento del hecho causante del subsidio, permitiendo el acceso cuando se cumpla esa edad y recogiendo en la regulación la jurisprudencia del Tribunal Supremo sobre esta cuestión; incremento de su duración máxima, de modo que, si antes se percibía hasta que la persona beneficiaria pudiera acceder a cualquiera de las modalidades de pensión contributiva de jubilación, se percibirá hasta el cumplimiento de la edad ordinaria de jubilación; eliminación de la consideración de las rentas de la unidad familiar para el acceso al subsidio; incremento de la cuantía de la cotización por la contingencia de jubilación durante la percepción del subsidio del 100 al 125 por ciento del tope mínimo de cotización vigente en cada momento; y la eliminación de los porcentajes aplicables a la cuantía del subsidio cuando proviene de un trabajo desarrollado a tiempo parcial.

El resto de los requisitos establecidos para lucrar el subsidio para personas trabajadoras mayores de 52 años se mantienen por lo que, será necesario haber cotizado por desempleo, al menos, durante seis años y justificar que en el momento de la solicitud se reúnen todos los requisitos, excepto la edad, para acceder a la pensión contributiva de jubilación en la Seguridad Social.

La modificación realizada por el **Real Decreto-ley 8/2019, de 8 de marzo**, sobre el entonces art. 274.4 de la LGSS, para el acceso al subsidio los trabajadores mayores de cincuenta y dos años, fueron aplicables a los **derechos al subsidio que nazcan o se reanuden a partir del 13 de marzo de 2019**, así como a los que en dicha fecha se estén percibiendo por sus beneficiarios.

3. En la última de las modificaciones relevantes, **el Real Decreto-ley 3/2022, de 1 de marzo**, establece la compatibilidad del contrato fijo discontinuo con el subsidio para personas desempleadas mayores de 52 años, con el fin de garantizar el acceso de este colectivo a los subsidios por desempleo en las mismas condiciones y con los mismos derechos que se aplican al resto de personas trabajadoras por cuenta ajena del Régimen General de la Seguridad Social protegidas por la contingencia de desempleo (D.F. 6.ª del Real Decreto-ley 32/2021, de 28 de diciembre). **Este cambio normativo resulta de aplicación a los subsidios cuyo hecho causante tenga lugar a partir del 02/03/2022 (entrada en vigor del Real Decreto-ley 3/2022, de 1 de marzo).**

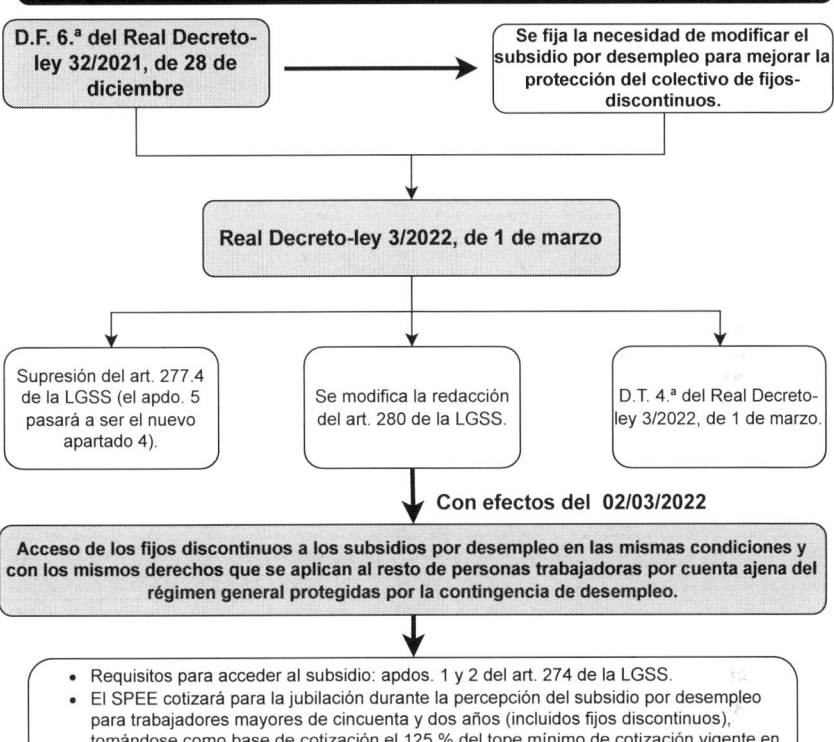

SUBSIDIO POR DESEMPLEO PARA MAYORES DE 52 AÑOS Y PERSONAS FIJAS DISCONTINUAS

D.F. 6.ª del Real Decreto-ley 32/2021, de 28 de diciembre

Se fija la necesidad de modificar el subsidio por desempleo para mejorar la protección del colectivo de fijos-discontinuos.

Real Decreto-ley 3/2022, de 1 de marzo

Supresión del art. 277.4 de la LGSS (el apdo. 5 pasará a ser el nuevo apartado 4).

Se modifica la redacción del art. 280 de la LGSS.

D.T. 4.ª del Real Decreto-ley 3/2022, de 1 de marzo.

Con efectos del 02/03/2022

Acceso de los fijos discontinuos a los subsidios por desempleo en las mismas condiciones y con los mismos derechos que se aplican al resto de personas trabajadoras por cuenta ajena del régimen general protegidas por la contingencia de desempleo.

- Requisitos para acceder al subsidio: apdos. 1 y 2 del art. 274 de la LGSS.
- El SPEE cotizará para la jubilación durante la percepción del subsidio por desempleo para trabajadores mayores de cincuenta y dos años (incluidos fijos discontinuos), tomándose como base de cotización el 125 % del tope mínimo de cotización vigente en cada momento.
- Se considerará como fecha del hecho causante del subsidio aquella en que se cumpla el plazo de espera de un mes o se produzca la situación legal de desempleo.

¿Qué sucede con los subsidios de los trabajadores fijos discontinuos anteriores al 02/03/2022?

Se aplicará la regulación anterior [arts. 280 y 277 de la LGSS en su redacción anterior al 02/03/2022], cuando el acceso al subsidio se hubiese producido por los trabajadores fijos discontinuos con anterioridad a la citada fecha (D.T. 4.ª 2 del RD-ley 3/2022, de 1 de marzo).

4. Mediante el **Real Decreto-ley 2/2024, de 21 de mayo** (BOE 22/05/2024) — y tras el anterior intento mediante el Real Decreto-ley 7/2023, de 19 de diciembre que no fue convalidado por el congreso—, se realizaba una profunda reforma de la prestación por desempleo a nivel asistencial que supone una nueva (y hasta este momento definitiva) redacción del art. 280 de la LGSS.

Como veremos, para las prestaciones posteriores al 01/11/2024, se ha mantenido la cuantía establecida con anterioridad. Ello sin embargo queda compensado por la mayor duración de este subsidio y por las cotizaciones por la contingencia de jubilación, de las cuales carece el resto de los subsidios.

A TENER EN CUENTA. A pesar de que las novedades que analizaremos se realizan con efectos de 23/05/2024, de conformidad con la D.T. 1.ª del Real Decreto-ley 2/2024, de 21 de mayo, las nuevas previsiones serán aplicables para las prestaciones posteriores al 01/11/2024, por lo que los derechos reconocidos antes de esa fecha se mantienen con la normativa anterior hasta su extinción.

Beneficiarios

Serán beneficiarios del subsidio para trabajadores mayores de cincuenta y dos años quienes cumplan los requisitos establecidos en el art. 280 de la LGSS que desarrollaremos a continuación.

Requisitos

Podrán acceder al subsidio para mayores de cincuenta y dos años los trabajadores que cumplan una serie de requisitos genéricos y específicos:

‖ **Requisitos genéricos (arts. 274.1 y 280.1 de la LGSS):**

- Haber agotado la prestación por desempleo
- Encontrarse en **situación legal de desempleo** sin tener cubierto el periodo mínimo de cotización para tener derecho a la prestación contributiva, siempre que se hayan cotizado al menos 90 días.
  - Se entenderá cumplido el requisito de inscripción ininterrumpida cuando cada una de las posibles interrupciones haya tenido una duración inferior a noventa días naturales, no computándose los períodos que correspondan a la realización de actividad por cuenta propia o ajena. En este último caso, el trabajador no podrá acceder al subsidio cuando el cese en el último trabajo fuera voluntario.
- Tener cumplidos los 52 años.
- Acreditar todos los requisitos, salvo la **edad**, para acceder a cualquier tipo de **pensión contributiva de jubilación en el sistema de la Seguridad Social.** Es decir, tener cubierto un período mínimo de cotización de quince años, de los cuales al menos dos deberán estar comprendidos dentro de los quince años inmediatamente anteriores al momento de causar el derecho [art. 205.b) de la LGSS].

- Haber **cotizado efectivamente en España por desempleo** durante al menos seis años a lo largo de su vida laboral, sin que a estos efectos resulte de aplicación los **periodos de cotización asimilados por parto** (art. 235 de la LGSS).

> **A TENER EN CUENTA.** Estos requisitos deben cumplirse a la fecha del hecho causante del subsidio (art. 276.1 de la LGSS).

CUESTIÓN

1. ¿Qué sucede si cumplo todos los requisitos para el acceso al subsidio para mayores de 52 años a excepción de la edad?

Las personas que se encuentren en la situación prevista en el art. 274.1 de la LGSS cumpliendo todos los requisitos establecidos, salvo el de tener cumplida la edad de 52 años, podrán solicitar el acceso a este subsidio a partir de la fecha en que cumplan dicha edad, siempre que:

- Se cumplan el resto de requisitos establecidos (párrafo primero del art. 280 de la LGSS).

- Hayan permanecido inscritos ininterrumpidamente como demandantes de empleo en los servicios públicos de empleo desde la fecha del agotamiento de la prestación contributiva o de la situación legal de desempleo, hasta la fecha de la solicitud.

En este supuesto se considerará como fecha del hecho causante la del cumplimiento de la edad de cincuenta y dos años.

2. Las personas que hayan percibido o agotado la Renta Activa de Inserción (RAI), la prestación por cese de actividad (arts. 327-350 de la LGSS) o el subsidio extraordinario por desempleo (D.A. 27.ª de la LGSS), ¿podrían acceder al subsidio para trabajadores mayores de 52 años?

No. Según el párrafo tercero del art. 280 de la LGSS, no se asimilan a quienes se encuentren en la situación prevista en el art. 274.1 de la LGSS que resulta obligatoria para el acceso al subsidio para trabajadores mayores de 52 años.

3. Si estoy percibiendo otro subsidio por desempleo y cumplo 52 años, ¿puedo solicitar el subsidio para trabajadores mayores de 52 años?

Sí. Podrá solicitarse el subsidio para trabajadores mayores de cincuenta y dos años si en ese momento se está percibiendo cualquiera de los subsidios previstos en el art. 274 de la LGSS. En este supuesto se considerará como fecha del hecho causante la de la reanudación del subsidio.

4. Si estoy realizando una actividad que ha supuesto la suspensión de un subsidio por desempleo, ¿puedo solicitar el subsidio para trabajadores mayores de 52 años cuando termine la actividad?

Sí. Podrá solicitarse el subsidio para trabajadores mayores de cincuenta y dos años quienes cumplan todos los requisitos previstos en el primer párrafo del art. 208.1 en la fecha en la que tengan derecho a reanudar cualquier subsidio. En este supuesto se considerará como fecha del hecho causante la de la reanudación del subsidio.

‖ Requisitos específicos (art. 280.2 de la LGSS): carencia de rentas

Para acceder al subsidio para mayores de cincuenta y dos años los trabajadores deberán acreditar, en la fecha de presentación de la solicitud, que **carecen de rentas propias** superiores al 75 % del SMI, excluida la parte proporcional de dos pagas extraordinarias (en los términos ya analizados según el art. 275.1, 4 y 5 de la LGSS).

El cumplimiento del **requisito de carencia de rentas propias** deberá mantenerse durante todo el tiempo de percepción del subsidio. En este sentido el art. 280 regula supuestos de extinción o suspensión ligados a este requisito.

Los beneficiarios del subsidio para mayores de 52 años **vendrán obligados a comunicar a la entidad gestora cualquier incremento en sus rentas** que pudieran afectar al mantenimiento de su derecho, en el momento en que dicha circunstancia se produzca.

CUESTIÓN

Durante todo el tiempo de percepción del subsidio para mayores de 52 años, ¿qué cantidades determinan la existencia de carencia de rentas?

No se podrá superar en los términos establecidos normativamente al 75 % del SMI (sin pagas extraordinarias). Para el año 2024: 850,50 euros al mes (75 % x 1.134,00 euros mes de SMI).

‖ Requisitos específicos para el mantenimiento del subsidio (art. 280.8 de la LGSS): declaración anual de rentas

Sin perjuicio de lo previsto en relación a la obligación de comunicar a la entidad gestora cualquier incremento en sus rentas que pudieran afectar al derecho, para mantener la percepción del subsidio analizado, **los beneficiarios deberán presentar ante la entidad gestora una declaración anual de sus rentas, acompañada de la documentación acreditativa que corresponda.**

Dicha declaración se deberá presentar cada vez que transcurran doce meses desde la fecha del nacimiento del derecho o desde la fecha de su última reanudación, en el plazo de los quince días hábiles siguientes a aquel en el que se cumpla el período señalado.

Cuando, con ocasión de la tramitación de la declaración anual de rentas, el beneficiario comunique o la entidad gestora detecte que, durante algún periodo dentro de los doce meses anteriores, se han dejado de cumplir los requisitos de carencia de rentas, se procederá a la suspensión del subsidio por el periodo durante el que se hayan dejado de reunir dichos requisitos, regularizando los periodos e importes percibidos.

Si el incumplimiento de los requisitos durante algún periodo dentro de los doce meses anteriores a la fecha en la que se ha de presentar la declaración anual de rentas no fuera comunicado por el beneficiario en el momento de producirse ni con ocasión de la primera declaración anual de rentas tras producirse dicha circunstancia, ni hubiera podido ser detectado durante la tramitación de esta primera declaración anual de rentas por la entidad gestora, una vez constatado por ésta, procederá a la regularización del derecho por el periodo que corresponda por incumplimiento de los requisitos, así como al inicio del correspondiente procedimiento sancionador por no comunicar la concurrencia de una causa de suspensión del derecho en el momento de producirse.

> **JURISPRUDENCIA**
>
> **STS n.º 694/2023, a 3 de octubre de 2023, ECLI:ES:TS:2023:3961**
>
> Una indemnización por despido que se paga en cantidades mensuales, garantizadas mediante póliza de seguros concertada por la empresa de la que es beneficiario el trabajador. No deben computar como renta a efectos del subsidio de desempleo mayores de 52 años.

Duración

El derecho al subsidio por desempleo nacerá a partir del día siguiente al del hecho causante, siempre que se solicite en el plazo de quince días hábiles siguientes a la fecha del mismo. Solicitado fuera de dicho plazo, el derecho el subsidio nacerá el día de presentación de la solicitud.

La duración será hasta que se alcance la edad ordinaria que se le exija para tener derecho a la pensión contributiva de jubilación en el sistema de la Seguridad Social.

Cuantía

La cuantía del subsidio por desempleo para trabajadores mayores de cincuenta y dos años será igual al 80 por ciento del **indicador público de rentas de efectos múltiples mensual** vigente en cada momento.

El pago del subsidio se realizará por mensualidades de 30 días, entre los días 10 y 15 del mes inmediato siguiente al que corresponda el devengo.

Compatibilidades e incompatibilidades

Este subsidio será compatible con el trabajo por cuenta ajena (con varios contratos a tiempo parcial o la iniciación de una relación laboral a tiempo completo o parcial) **recibiéndose durante un máximo de 6 meses (180 días) como complemento de apoyo al empleo**. Así, para quien acceda a estos subsidios después de haber agotado una prestación por desempleo de más de doce meses, la cuantía del complemento de apoyo al empleo por compatibilidad con empleo a tiempo completo y a tiempo parcial se determinará de acuerdo con la tabla del art. 282.3 de la LGSS, considerándose como referencia temporal el número de meses transcurridos en cada momento a partir del decimotercer mes de prestación.

> **A TENER EN CUENTA.** El acceso a este subsidio como consecuencia del agotamiento de prestaciones por desempleo reconocidas a partir de 1 de abril de 2025, se entenderá, a efectos de determinación de la cuantía inicial del complemento de apoyo al empleo, como una continuación de la citada prestación.

La cuantía del complemento de apoyo al empleo se determinará, cada trimestre, en función de la jornada pactada al inicio de la compatibilización y del trimestre en que se encuentre en cada momento el perceptor del complemento de apoyo respecto al inicio del subsidio conforme a la tabla fijada por el art. 282.3 de la LGSS con carácter general:

Trimestre en que se encuentre el perceptor respecto al inicio de la prestación	CAE. Empleo a tiempo completo (% IPREM)	CAE. Empleo a tiempo parcial >= 75 % de la jornada (% IPREM)	CAE. Empleo a tiempo parcial <75 % y >=50 % de la jornada (% IPREM)	CAE. Empleo a tiempo parcial <50 % de la jornada (% IPREM)
1.º	80	75	70	60
2.º	60	50	45	40
3.º	40	35	30	25
4.º	30	25	20	15
5.º y siguientes	20	15	10	5

CUESTIONES

1. Una persona beneficiaria del subsidio de mayores de 52 años desde hace 7 meses ha sido contratada a tiempo parcial a media jornada, ¿qué cantidad percibirá en concepto de complemento de apoyo al empleo?

Al haber percibido el subsidio de mayores de 52 años durante 7 meses se encuentra en el 3.º trimestre desde el inicio del subsidio. Por tratarse de un empleo a media jornada (50 %) le corresponderá percibir un CAE del 30 % del IPREM. Para el año 2024 corresponderá un CAE de 180 euros al mes [30 % de 600 euros al mes de IPREM].

2. Una persona beneficiaria del subsidio de mayores de 52 años desde hace 1 meses ha sido contratada a jornada completa, ¿qué cantidad percibirá en concepto de complemento de apoyo al empleo?

Al haber percibido el subsidio de mayores de 52 años durante 1 meses se encuentra en el 1.º trimestre desde el inicio del subsidio. Por tratarse de un empleo a jornada completa le corresponderá percibir un CAE del 80 % el IPREM. Para el año 2024 corresponderá un CAE de 480 euros al mes [80 % de 600 euros al mes de IPREM].

3. ¿Cuál será la duración del complemento de apoyo al empleo? ¿se consumirá el subsidio?

El complemento de apoyo al empleo se percibirá mientras se mantenga la relación laboral que lo originó. Su duración máxima será de ciento ochenta días, que podrán percibirse en uno o sucesivos periodos de compatibilidad, con el límite del número de días que restasen por percibir de la duración máxima del subsidio reconocido

Cuando se llegue a ese límite de 6 meses o agotada la duración máxima del subsidio, este quedará suspendido por realización de un trabajo por cuenta ajena y sujeto a las condiciones generales de reanudación por esta causa o extinguido por agotamiento, respectivamente.

Suspensión y reanudación

El subsidio para trabajadores mayores de 52 años se suspenderá, reanudará y extinguirá conforme a lo previsto en los arts. 271 y 280 de la LGSS y se reanudará en la forma y plazos previstos en los mismos.

Asimismo, serán **causas de suspensión**:

* Cuando se cumplan doce meses desde la fecha de nacimiento del derecho o de su última reanudación, en el supuesto de que el interesado no haya presentado la declaración anual de rentas dentro del plazo establecido (art. 280.8 de la LGSS). El derecho se reanudará a partir de la fecha en que se solicite la misma aportando la declaración anual de rentas que acredite el mantenimiento de los requisitos

* En la fecha en que se deje de cumplir el requisito de carencia de rentas propias, si dicho incumplimiento tiene una duración inferior a doce meses. El derecho se reanudará a partir de la fecha en que de nuevo se cumpla el requisito de carencia de rentas

En ambos casos, la solicitud de reanudación debe presentarse dentro del plazo de los quince días hábiles siguientes al del cumplimiento de los requisitos de carencia de rentas. En caso contrario, el subsidio se reanudará a partir de la fecha de su solicitud.

Procederá la **denegación de la reanudación solicitada una vez transcurridos doce meses desde la fecha de efectos de la suspensión del subsidio**. No obstante, este plazo de doce meses se ampliará por el periodo equivalente a aquél durante el cual se realicen trabajos por cuenta propia o ajena. En este caso se exigirá que el último cese previo a la reanudación sea involuntario o constituya situación legal de desempleo.

Extinción

El subsidio se extinguirá por (art. 280.2 de la LGSS):

* Las causas previstas en el art. 272 de la LGSS [excepto la regulada en la letra h) de dicho artículo]:
    - Agotamiento del plazo de duración de la prestación.
    - Imposición de sanciones.
    - Realización de un trabajo por cuenta ajena de duración igual o superior a doce meses, sin perjuicio del derecho de opción establecido en el art. 269.3 de la LGSS.
    - Realización de un trabajo por cuenta propia, por tiempo igual o superior a sesenta meses en el supuesto de trabajadores por cuenta propia que causen alta en el Régimen Especial de la Seguridad Social de los Trabajadores por Cuenta Propia o Autónomos o en el Régimen Especial de la Seguridad Social de los Trabajadores del Mar, o a veinticuatro meses, en el caso de actividades con alta en alguna mutualidad de previsión social alternativa al Régimen Especial de la Seguridad Social de los Trabajadores por Cuenta Propia o Autónomos.

- Cumplimiento, por parte del titular del derecho, de la edad ordinaria exigida en cada caso para causar derecho a la pensión contributiva de jubilación, con las salvedades establecidas en el art. 266.d) de la LGSS.

- Pasar a ser pensionista de jubilación, o de incapacidad permanente en los grados de incapacidad permanente total, incapacidad permanente absoluta o gran invalidez. No obstante, en estos casos, el beneficiario podrá optar por la prestación más favorable.

- Traslado de residencia o estancia en el extranjero, salvo en los supuestos que sean causa de suspensión recogidos en las letras f) y g) del art. 271.1 de la LGSS.

- Renuncia voluntaria al derecho.

• Por el incumplimiento del requisito de carencia de rentas durante un periodo igual o superior a doce meses. (**STS n.° 156/2024, de 5 de marzo del 2024, ECLI:ES:TSJCL:2024:1084**).

• Por el transcurso de doce meses desde la fecha de efectos de su suspensión sin haberse reanudado, salvo que se realicen trabajos por cuenta propia o ajena.

Cotización

La entidad gestora cotizará por la contingencia de jubilación durante la percepción del subsidio por desempleo para trabajadores mayores de cincuenta y dos años [art. 265.1.b) de la LGSS].

Las cotizaciones efectuadas conforme a lo previsto en el párrafo anterior tendrán efecto para el cálculo de la base reguladora de la pensión de jubilación y porcentaje aplicable a aquella en cualquiera de sus modalidades, así como para completar el tiempo necesario para el acceso a la jubilación anticipada.

> **A TENER EN CUENTA.** En ningún caso estas cotizaciones tendrán validez y eficacia jurídica para acreditar el período mínimo de cotización de quince años —exigido en el art. 205.1.b) de la LGSS— para el acceso a la jubilación contributiva, que debe quedar acreditado en la fecha de solicitud del subsidio.

A efectos de determinar la cotización se tomará como base de cotización el **125 por cien de la base mínima de cotización** en el Régimen General de la Seguridad Social, vigente en cada momento.

En caso de percibir el complemento de apoyo al empleo, la base por la que deberá cotizarse se reducirá en proporción a la jornada trabajada.

El Gobierno podrá extender a otros colectivos de trabajadores lo dispuesto en este apartado. En el caso de los **trabajadores fijos discontinuos**, el acceso a los subsidios por desempleo en las mismas condiciones y con los mismos derechos que se aplican al resto de personas trabajadoras por cuenta ajena se efectúa con fecha 02/03/2022 (entrada en vigor de las modificaciones operadas por el Real Decreto-ley 3/2022, de 1 de marzo).

JURISPRUDENCIA

STS n.º 576/2022, 1 de 23 de junio de 2022, ECLI:ES:TS:2022:2549

El TS entiende que, a efectos del subsidio por desempleo para mayores de 55 años (ahora 52 años), los periodos de cotización asimilados por parto (112 días por hijo) han de tomarse en cuenta para comprobar si se cumplen los requisitos de carencia.

STS n.º 47/2024, de 18 de enero del 2024, ECLI:ES:TSJCLM:2024:22

No es tiempo de cotización al desempleo el periodo de alta como consejera-administradora de una sociedad a efectos de subsidio de desempleo mayores de 52 años.

2.7. Subsidio por desempleo para trabajadores agrarios

Antes de analizar los subsidios por desempleo y ayudas aplicables a este colectivo resulta de interés realizar una pequeña aclaración sobre la protección frente a los periodos de inactividad para trabajadores agrarios por cuenta ajena (*Régimen especial de trabajadores agrarios. Paso a Paso*. Colex. Año 2022).

La prestación por desempleo se regula de forma general en los arts. 262-265 de la LGSS, y de manera específica a nivel contributivo en los arts. 266-273 de la LGSS, y a nivel asistencial (subsidio) arts. 274-280 de la LGSS. A **nivel de protección por desempleo**, por tanto, diferenciamos:

- **Prestaciones contributivas por desempleo**: es aquella que pretende proteger la situación de desempleo de quienes, pudiendo y queriendo trabajar, pierden su empleo de forma temporal o definitiva, o vean reducida temporalmente su jornada ordinaria de trabajo.

- **Prestaciones no contributivas por desempleo (subsidio por desempleo)**: es aquella ayuda destinada a los trabajadores por cuenta ajena que no tienen derecho o acceso a **la prestación contributiva** y que cumplen con determinados requisitos que establece la ley.

Dentro de los trabajadores del campo, podemos diferenciar tres tipos de trabajadores y las posibles prestaciones a las que pueden acceder:

TRABAJADORES FIJOS	TRABAJADORES FIJO-DISCONTINUOS	TRABAJADORES EVENTUALES
• Prestación contributiva por desempleo (arts. 262-273 de la LGSS).	• Prestación contributiva por desempleo (arts. 262-273 de la LGSS). • Prestación no contributiva o subsidio por desempleo (art. 274 de la LGSS).	• Prestación contributiva por desempleo (con peculiaridades propias).

TRABAJADORES FIJOS	TRABAJADORES FIJO-DISCONTINUOS	TRABAJADORES EVENTUALES

• Prestación no contributiva o subsidio por desempleo (arts. 274-280 de la LGSS).	• Sistema Especial para Trabajadores por Cuenta Ajena Agrarios de la Seguridad Social (SEASS):
	  – El subsidio por desempleo establecido en el Real Decreto 5/1997, de 10 de enero.
	  – Renta agraria establecida en el Real Decreto 426/2003, de 11 de abril.
		• Con efectos de 23/05/2024 se posibilita su acceso a la prestación no contributiva o subsidio por desempleo del art. 274 de la LGSS [art. 287 de la LGSS, según Real Decreto-ley 2/2024, de 21 de mayo].
		• Subsidio del SEASS:
		  – El subsidio por desempleo establecido en el Real Decreto 5/1997, de 10 de enero.
		  – Renta agraria establecida en el Real Decreto 426/2003, de 11 de abril.

CUESTIÓN

Si el trabajador eventual agrario reúne los requisitos para obtener la prestación por desempleo de nivel contributivo/asistencial o el subsidio agrario/renta agraria, ¿cuál recibirá?

Si el trabajador eventual agrario reúne los requisitos para obtener la protección por desempleo de nivel contributivo o asistencial regulada, así como para acceder al subsidio por desempleo (Real Decreto 5/1997, de 10 de enero), o la renta agraria (Real Decreto 426/2003, de 11 de abril), podrá optar por uno de los dos derechos, aplicándose la regla siguiente (art. 287.4 de la LGSS):

«Si solicita el subsidio por desempleo regulado en el Real Decreto 5/1997, de 10 de enero, o la renta agraria establecida en el Real Decreto 426/2003, de 11 de abril, todas las jornadas reales cubiertas en el Sistema Especial para Trabajadores por Cuenta Ajena Agrarios, cualquiera que sea su número, se tendrán en cuenta para acreditar los requisitos establecidos, respectivamente, en los artículos 2.1.c) y 2.1.d) de los citados reales decretos. Las cotizaciones por desempleo anteriores a la fecha del reconocimiento de dicho subsidio o renta agraria, que no se hayan computado para la obtención de tales derechos, podrán computarse para el reconocimiento de un derecho posterior, de nivel contributivo o asistencial».

2.7.1. Subsidio por desempleo para trabajadores agrarios eventuales (subsidio agrario)

El Real Decreto 5/1997, de 10 de enero, regula el subsidio por desempleo en favor de los trabajadores eventuales incluidos en el Régimen Especial Agrario de la Seguridad Social, estableciéndose a su vez uno especial dentro del propio RD para los mayores de 52 años.

Beneficiarios

Están comprendidos en el ámbito de aplicación del subsidio por desempleo establecido en el Real Decreto 5/1997, de 10 de enero, los trabajadores por cuenta ajena de carácter eventual incluidos en el Régimen Especial Agrario de la Seguridad Social (REASS), salvo que ellos o su cónyuge sean propietarios, arrendatarios, aparceros o titulares por concepto análogo de explotaciones agropecuarias cuyas rentas de cualquier naturaleza superen, en cómputo anual, la cuantía del SMI establecida para el año en curso, excluidas las pagas extraordinarias.

Se considerarán trabajadores eventuales, a los efectos de poder ser beneficiarios de esta prestación, a quienes, estando inscritos en el censo del Régimen Especial Agrario de la Seguridad Social, sean contratados por tiempo determinado para la realización de labores agrarias en una o varias explotaciones agrarias del mismo o distinto titular.

El sistema del subsidio por desempleo se aplicará en aquellas comunidades autónomas donde:

- El paro estacional de los trabajadores agrarios eventuales sea superior a la media nacional.

- El número de éstos sea proporcionalmente superior al de otras zonas agrarias.

> **A TENER EN CUENTA.** El subsidio por desempleo se aplicará, mientras subsistan las actuales circunstancias de paro, a las **comunidades autónomas de Andalucía y Extremadura** (D.A 1.ª del Real Decreto 5/1997, de 10 de enero).

El derecho al **subsidio por desempleo nacerá** a partir del día siguiente a aquel en que se solicite, salvo en caso de despido declarado procedente, en el que el derecho nacerá cuando hayan transcurrido tres meses desde la solicitud.

Los trabajadores que **no se encuentren al corriente en el pago de la cuota fija por contingencias comunes** al Régimen Especial Agrario de la Seguridad Social en los 12 meses naturales inmediatamente anteriores a la solicitud del subsidio, o, en su caso, por el período inferior en que se haya mantenido el alta, se les denegará el derecho, mientras no acrediten **estar al corriente en el pago de la cuota fija** (antes de concluir el plazo de reclamación previa).

> **A TENER EN CUENTA.** Tal y como exige el art. 3 de la Ley 45/2002, de 12 de diciembre, de medidas urgentes para la reforma del sistema de protección por desempleo y mejora de la ocupabilidad: «Sólo podrán ser beneficiarios del subsidio por desempleo, establecido por el Real Decreto 5/1997, de 10 de enero, en favor de los trabajadores eventuales incluidos en el Régimen especial Agrario de la Seguridad Social, aquellos desempleados que, reuniendo los requisitos exigidos en el citado Real Decreto, hayan sido beneficiarios de dicho subsidio en alguno de los tres años naturales inmediatamente anteriores a la fecha de solicitud del mismo».

Requisitos

Serán beneficiarios del subsidio los trabajadores que, encontrándose desempleados y careciendo de rentas de cualquier naturaleza en los términos establecidos anteriormente, reúnan los siguientes requisitos:

- Tener su domicilio en el ámbito geográfico protegido (aunque ocasionalmente se hayan trasladado fuera del mismo para realizar trabajos temporales por cuenta ajena de carácter agrario). Se entenderá que el trabajador tiene su domicilio en el lugar en que se encuentre empadronado, siempre que sea en el que reside de forma efectiva durante un mayor número de días al año. (STSJ de Extremadura n.º 152/2016, de 6 de abril de 2016, ECLI:ES:TSJEXT:2016:532).

- Estar inscritos en el censo del Régimen Especial Agrario de la Seguridad Social, como trabajador por cuenta ajena, en situación de alta, o asimilado a ella.

- Tener cubierto en el Régimen Especial Agrario de la Seguridad Social un mínimo de 35 jornadas reales cotizadas en los 12 meses naturales inmediatamente anteriores a la situación de desempleo. A estos efectos, quedan asimiladas las jornadas trabajadas en faenas agrícolas temporales en el extranjero, siempre que el órgano competente del Ministerio de Trabajo y Asuntos Sociales haya visado el contrato de trabajo y certifique las jornadas realizadas [art. 5.1.a) del Real Decreto 5/1997, de 10 de enero].

- No haber cumplido la edad mínima que se exija para causar derecho a la pensión contributiva de jubilación (salvo que el trabajador no tuviera acreditado el período de cotización necesario para ello).

Del mismo modo, serán beneficiarios **del subsidio especial en favor de los trabajadores mayores de 52 años**, aquellos trabajadores mayores de dicha edad que reúnan todos los requisitos establecidos, excepto el de cotización (tener cubierto en el REASS un mínimo de 35 jornadas reales cotizadas en los 12 meses naturales inmediatamente anteriores a la situación de desempleo), siempre que hayan cotizado al Régimen Especial Agrario de la Seguridad Social como trabajadores por cuenta ajena de carácter eventual y sido perceptores del subsidio ininterrumpidamente durante los últimos 5 años y acrediten que, en el momento de la solicitud, reúnen el período de cotización necesario para el reconocimiento de cualquier tipo de pensión contributiva por jubilación en el sistema de la Seguridad Social.

En este caso, una vez agotado el derecho al subsidio a que hubiere lugar, se reanudará el derecho al mismo cada doce meses, a contar desde el inicio del primer derecho, por la duración correspondiente (art. 5.2 Real Decreto 5/1997, de 10 de enero), sin necesidad de que se cumpla el requisito de cotización previsto, hasta que el trabajador alcance la edad para acceder a cualquier tipo de jubilación.

El **requisito de cotización ininterrumpida al REASS, a efectos de subsidio especial para mayores de 52 años**, se considerará cumplido cuando en los meses comprendidos en los 5 años naturales inmediatamente anteriores a la solicitud el trabajador se encuentre en alguna de las siguientes situaciones:

- Cotizando efectivamente al Régimen Especial Agrario de la Seguridad Social como trabajador por cuenta ajena.

- Ejerciendo un cargo público representativo o funciones sindicales de ámbito provincial o superior (siempre que en los 12 meses naturales anteriores al primero que se compute en dichas situaciones hubiera cotizado efectivamente al REASS como trabajador por cuenta ajena).

- Cumpliendo condena que implique privación de libertad, con el mismo requisito establecido anteriormente.

- Cotizando a otro Régimen de la Seguridad Social como consecuencia de la realización ocasional de trabajos no agrarios, o cotizando al REASS como trabajador por cuenta propia, siempre que la duración total de dichas situaciones dentro del período de cinco años considerado no exceda de:

    - 24 meses en el caso del Régimen General de la Seguridad Social.

    - 12 meses en los restantes casos.

El **requisito de percepción ininterrumpida** se considerará cumplido cuando en cada uno de los 5 años naturales inmediatamente anteriores a la solicitud el trabajador haya estado en una de las siguientes situaciones:

- Percibiendo el subsidio en algún momento del año.

- En situación de incapacidad temporal o maternidad o ejerciendo un cargo público representativo o funciones sindicales de ámbito provincial o superior, en los términos previstos en la legislación laboral, siempre que la duración de dichas situaciones en el año haya sido superior a siete meses y que en al año natural anterior al primero que se compute en dichas situaciones se haya sido perceptor del subsidio agrario o beneficiario del empleo comunitario.

- Cumpliendo condena que implique privación de libertad, con los mismos requisitos establecidos en el párrafo anterior.

- Sin haber percibido el subsidio por superación del límite familiar de acumulación de rentas (art. 3.2 del Real Decreto 5/1997, de 10 de enero), reuniendo los restantes requisitos que habrían posibilitado su reconocimiento.

Como indicábamos, el trabajador deberá **carecer, en el momento de la solicitud y durante la percepción del mismo, de rentas** de cualquier naturaleza que, en cómputo anual, superen la cuantía del SMI vigente, excluidas las pagas extraordinarias, sin embargo, cuando el solicitante conviva con otras personas mayores de 16 años en una misma unidad familiar, únicamente se entenderá cumplido el requisito de carencia de rentas, cuando, además de no poseer rentas propias, la suma de las de todos los integrantes de aquella sea inferior, en cómputo anual, al límite de acumulación de recursos siguiente:

2 miembros mayores de 16 años	2 veces el SMI
3 miembros mayores de 16 años	2,75 veces el SMI
4 miembros mayores de 16 años	3,5 veces el SMI
5 o más miembros mayores de 16 años	4 veces el SMI

Cuando el solicitante sea padre o madre de hijos menores de dieciséis años y conviva con ellos el límite de acumulación de recursos que le corresponda, conforme a lo ya establecido, se elevará incrementando en un 0,10 el coeficiente multiplicador del salario mínimo interprofesional por cada hijo hasta un máximo de 0,30 en el supuesto de tres o más hijos.

A estos efectos se entenderán integrados en la unidad familiar de convivencia al solicitante, su cónyuge y los ascendientes y descendientes y demás parientes por consanguinidad o afinidad hasta el segundo grado inclusive o, en su caso, por adopción, que convivan con él.

Reducción del número mínimo de jornadas reales cotizadas para acceder al subsidio por desempleo o a la renta agraria a favor de trabajadores eventuales agrarios residentes en el territorio de las comunidades autónomas de Andalucía y Extremadura.

Distinta normativa ha adoptado medidas excepcionales y urgentes en materia de empleo para evitar situaciones de desprotección de los trabajadores como consecuencia de la disminución de la necesidad de mano de obra en zonas afectadas por la sequía o inundaciones que reconocían la reducción del número mínimo de jornadas realizadas para acceder a las prestaciones analizadas (Reales Decretos-leyes 10/2005, de 20 de junio; 2/2010, de 19 de marzo; 1/2013, de 25 de enero; 1/2015, de 27 de febrero; 28/2018, de 28 de diciembre; 5/2020, de 25 de febrero, 4/2022, de 15 de marzo, 18/2022, de 18 de octubre, y, 4/2023, de 11 de mayo). Se trata de una medida frecuente cuya última regulación se ha realizado por la **D.A. 5.º del Real Decreto-ley 2/2024, de 21 de mayo, por el periodo desde el 23 de mayo de 2024 hasta el 30 de junio de 2025.**

> «Los trabajadores agrarios por cuenta ajena de carácter eventual que, en la fecha de entrada en vigor de este real decreto-ley, estén incluidos en el Sistema Especial para Trabajadores por Cuenta Ajena Agrarios, establecido en el Régimen General de la Seguridad Social y, en dicha fecha, residan en el territorio de las Comunidades Autónomas de Andalucía y Extremadura, podrán ser beneficiarios del subsidio por desempleo que regula el Real Decreto 5/1997, de 10 de enero, por el que se regula el subsidio por desempleo en favor de los trabajadores eventuales incluidos en el Régimen Especial Agrario de la Seguridad Social, o de la renta agraria, establecida por el Real Decreto 426/2003, de 11 de abril, por el que se regula la renta agraria para los trabajadores eventuales incluidos en el Régimen Especial Agrario de la Seguridad

Social residentes en las Comunidades Autónomas de Andalucía y Extremadura, aun cuando no tengan cubierto en el citado Sistema de la Seguridad Social el número mínimo de jornadas reales cotizadas establecido, respectivamente, en el artículo 2.1.c) del primero o en el artículo 2.1.d) del segundo de los reales decretos citados, siempre que tengan cubierto en dicho Sistema Especial un mínimo de diez jornadas reales cotizadas en los doce meses naturales inmediatamente anteriores a la situación de desempleo, y reúnan el resto de los requisitos exigidos en la normativa aplicable, de conformidad con el artículo 288 del texto refundido de la Ley General de la Seguridad Social, aprobado por el Real Decreto Legislativo 8/2015, de 30 de octubre, y con lo establecido en los citados reales decretos».

A TENER EN CUENTA. Por el periodo desde el 23 de mayo de 2024 hasta el 30 de junio de 2025 se considerará acreditado un número de 35 jornadas reales cotizadas para el acceso al subsidio por desempleo con diez jornadas reales cotizadas en los doce meses naturales inmediatamente anteriores a la situación de desempleo (D.A. 5.º del Real Decreto-ley 2/2024, de 21 de mayo).

Cuantía del subsidio y duración

La cuantía del subsidio por desempleo será igual al 75 por 100 del SMI vigente en cada momento para los trabajadores no eventuales, excluida la parte proporcional de dos pagas extraordinarias.

La duración del subsidio por desempleo se determinará de conformidad con lo siguiente:

- En el caso de los trabajadores menores de 25 años que no tengan responsabilidades familiares la duración del subsidio será de 3,43 días de subsidio por cada día cotizado, computándose las fracciones que igualen o superen 0,50 como un día más de derecho, con un máximo de 180 días de subsidio.

- En el caso de trabajadores mayores de 25 años o menores de dicha edad que tengan responsabilidades familiares la duración del subsidio será la siguiente:

  Trabajadores menores de 52 años: 180 días.

  – Trabajadores mayores de 52 años y menores de 60 años: 300 días.

  – Trabajadores mayores de 60 años: 300 sesenta días.

- En el caso de los trabajadores mayores de 52 años que accedan al subsidio especial, la duración del subsidio será de 360 días.

- En el caso de los trabajadores mayores de 52 años no incluidos en el subsidio especial pero que reúnan cada año todos los requisitos previstos en el artículo 2.1 del Real Decreto 5/1997, de 10 de enero y que, además, reúnan el período de cotización necesario para el reconocimiento de la pensión contributiva por jubilación como trabajador por cuenta ajena en el Régimen Especial Agrario de la Seguridad Social, la duración del subsidio será también de 360 días.

Para la aplicación de lo dispuesto anteriormente, las responsabilidades familiares y la edad del trabajador serán las existentes en la fecha de la solicitud, no variándose durante doce meses la duración del subsidio reconocido por la modificación de dichas circunstancias.

Suspensión, reanudación y extinción del derecho

El derecho al subsidio se suspenderá por las causas previstas en el art. 271 de la LGSS y por los siguientes supuestos:

- Mientras el titular del derecho realice un trabajo por tiempo limitado de duración superior a doce meses en actividades por cuenta propia o ajena sujetas al Régimen Especial Agrario de la Seguridad Social.

- Durante el tiempo en que el titular del derecho se traslade a zonas en las que no se aplique este sistema de protección, siempre que el traslado no implique cambio de su domicilio. En este supuesto, la acreditación de la finalización de la causa de suspensión se realizará mediante la comparecencia del trabajador en la Oficina de Empleo, reanudándose la prestación, de forma automática, a partir de dicho momento.

- Por la imposición de las sanciones de pérdida del subsidio durante un mes (art. 47 de la LISOS).

La suspensión del derecho supondrá la interrupción del abono y no afectará al período de percepción tras su reanudación, salvo en el supuesto de imposición de sanciones, en el que los días de percepción se reducirán por tiempo igual al de la suspensión.

El derecho al subsidio se extinguirá por las causas previstas en el art. 272 de la LGSS, así como en los siguientes supuestos:

- Cuando se cumpla un año desde su nacimiento, salvo que el trabajador se incorpore al servicio militar o a la prestación social sustitutoria del mismo, en cuyo caso se suspenderá el derecho.

- Por la realización de un trabajo de duración igual o superior a doce meses, por cuenta propia o ajena, salvo que se trate de actividades sujetas al Régimen Especial Agrario de la Seguridad Social a que se refiere el art. 8.1 a) del Real Decreto 5/1997, de 10 de enero, en cuyo caso se suspenderá el derecho.

- Por cumplimiento de la edad mínima que se exija para causar derecho a la pensión contributiva de jubilación, salvo que el trabajador no tuviera acreditado el período de cotización requerido para ello.

- Por la obtención de rentas incompatibles con el subsidio o la superación del límite familiar de acumulación de rentas.

- Por pasar a ser perceptor de prestaciones de pago periódico de la Seguridad Social, en los términos previstos en el art. 11.5 e) del Real Decreto 5/1997, de 10 de enero, o de cualquier otra prestación por desempleo.

- Por traslado de domicilio del trabajador fuera del ámbito geográfico de aplicación del subsidio.

- Por la pérdida de la condición de trabajador eventual incluido en el Régimen Especial Agrario de la Seguridad Social.
- Por la imposición de la sanción de extinción del subsidio en los términos previstos en el (art. 47 de la LISOS).

> **A TENER EN CUENTA.** Una vez extinguido el derecho al subsidio, el trabajador podrá obtener de nuevo su reconocimiento cuando vuelva a encontrarse en situación de desempleo, reúna los requisitos exigidos al efecto y haya transcurrido un año, al menos, desde el nacimiento del derecho anterior. Para la determinación del número de jornadas reales computables para el nacimiento del derecho se tendrán en cuenta las realizadas a partir del nacimiento del derecho anterior.

Incompatibilidades

El subsidio por desempleo es incompatible:

- Con la realización simultánea de un trabajo por cuenta propia o ajena. (STSJ de Asturias n.º 700/2021, de 30 de marzo de 2021, ECLI:ES:TSJAS:2021:971).
- Con cualquier otra prestación económica por desempleo.
- Con la percepción por el trabajador de rentas de cualquier naturaleza superiores al SMI, excluidas las pagas extraordinarias.
- Con la percepción por la unidad familiar de rentas de cualquier naturaleza que superen el límite de acumulación del SMI.
- Con cualquier prestación de pago periódico de la Seguridad Social que, a su vez, sea incompatible con el trabajo o que, sin serlo, exceda en su cuantía del SMI vigente, excluida la parte proporcional de las pagas extraordinarias.

2.7.2. Renta agraria para los trabajadores eventuales del Régimen Especial Agrario

El Real Decreto 426/2003, de 11 de abril, regula, dentro de la acción protectora por desempleo, una prestación económica específica denominada renta agraria, dirigida a los trabajadores eventuales agrarios que se encuentran en situación de desempleo y no puedan ser beneficiarios del subsidio por desempleo establecido por el Real Decreto 5/1997, de 10 de enero.

La protección tiene una duración limitada, puesto que el derecho a la renta agraria podrá reconocerse, como máximo, en seis ocasiones, tiempo suficiente para que los trabajadores adquieran la formación y preparación que les facilite mejores oportunidades de empleo que sean alternativas o complementarias del trabajo agrario no cualificado y de la situación de desempleo continuada.

Beneficiarios

La renta agraria **se aplicará en las comunidades autónomas de Andalucía y Extremadura, cuando los solicitantes no puedan ser beneficiarios del subsidio agrícola por desempleo en alguno de los tres años naturales anteriores a la fecha de solicitud.**

Requisitos

Podrán ser beneficiarios de la renta agraria los trabajadores por cuenta ajena de carácter eventual incluidos en el Régimen Especial Agrario de la Seguridad Social, inscritos en el censo de dicho Régimen y contratados por tiempo determinado para la realización de labores agrarias, que se encuentren desempleados y residan en las **comunidades autónomas de Andalucía y Extremadura**, que reúnan los siguientes requisitos:

- Encontrarse desempleados e inscritos como demandantes de empleo en los servicios públicos de empleo.

- Reunir los requisitos recogidos en el art. 2.1, párrafos a), b) y d), del Real Decreto 5/1997, de 10 de enero, y no tener derecho al subsidio previsto en dicho real decreto, por no haber sido beneficiarios de aquel en ninguno de los tres años naturales inmediatamente anteriores a la solicitud:

  - Tener su domicilio en el ámbito geográfico protegido por este subsidio, aunque ocasionalmente se hayan trasladado fuera del mismo para realizar trabajos temporales por cuenta ajena de carácter agrario. Se entenderá que el trabajador tiene su domicilio en el lugar en que se encuentre empadronado, siempre que sea en el que reside de forma efectiva durante un mayor número de días al año.

  - Estar inscritos en el censo del Régimen Especial Agrario de la Seguridad Social, como trabajador por cuenta ajena, en situación de alta, o asimilado a ella.

  - No haber cumplido la edad mínima que se exija para causar derecho a la pensión contributiva de jubilación, salvo que el trabajador no tuviera acreditado el período de cotización requerido para ello.

- Haber residido y estar empadronado un mínimo de 10 años en el ámbito geográfico protegido en el que es de aplicación esta renta.

- Tener cubierto en el Régimen Especial Agrario de la Seguridad Social **en los 12 meses naturales inmediatamente anteriores a la situación de desempleo un mínimo de 35 jornadas reales cotizadas.**

  - A estos efectos, quedan asimiladas las jornadas trabajadas en faenas agrícolas temporales en el extranjero, siempre que el órgano competente del Ministerio de Trabajo y Asuntos Sociales haya visado el contrato de trabajo y certifique las jornadas realizadas.

- Si el desempleado no ha sido perceptor de la renta agraria con anterioridad, se exigirá haber permanecido inscrito en el censo del Régimen Especial Agrario de la Seguridad Social, o en situación asimilada al alta, con carácter ininterrumpido en los 12 meses naturales anteriores a la solicitud. Si el desempleado es mayor de 45 años en el momento de la solicitud, además de este requisito, se exigirá haber permanecido inscrito en el censo del Régimen Especial Agrario de la Seguridad Social, o en situación asimilada al alta, a lo largo de la vida laboral los siguientes períodos cotizados:

Edad	Período
De 45 a 51 años	5 años
De 52 a 59 años	10 años
De 60 o más años	20 años

- Carecer de rentas de cualquier naturaleza que en cómputo anual superen la cuantía del salario mínimo interprofesional, excluidas las pagas extraordinarias.

Cuando el solicitante conviva con otras personas en una misma unidad familiar, únicamente se entenderá cumplido el requisito de carencia de rentas cuando, además de no poseer rentas propias, la suma de la de todos los integrantes de aquella sea inferior en cómputo anual a los límites de acumulación de recursos siguientes (se considerarán rentas las recogidas en el art. 275 de la LGSS).

Miembros de la unidad familiar mayores de 16 años	Límite de rentas
2 miembros	2,00 veces el SMI
3 miembros	2,75 veces el SMI
4 miembros	3,50 veces el SMI
5 o más miembros	4,00 veces el SMI

Para la aplicación del límite familiar de acumulación de recursos se considerará el salario mínimo interprofesional, excluidas las pagas extraordinarias. A estos efectos, se entenderán integrados en la unidad familiar al solicitante, su cónyuge y/o hijos o acogidos menores de 26 años o mayores incapacitados que convivan con él.

No se incluirán en el cómputo de las rentas del solicitante o beneficiario, ni de su unidad familiar, las obtenidas por el trabajo agrario como trabajador por cuenta ajena de carácter eventual.

Completando lo anterior, la norma destaca:

- Los requisitos deberán reunirse en la fecha de solicitud de la renta agraria y mantenerse mientras se tenga el derecho a la renta.

- Las jornadas reales que hayan sido computadas para obtener el derecho a la renta agraria, cualquiera que sea su número, no podrán computarse para obtener otro derecho a la renta agraria ni para obtener otras prestaciones, subsidios o rentas de protección por desempleo.

No obstante, las jornadas que superen las 35 exigidas para obtener la renta agraria podrán computarse para obtener prestaciones por desempleo de nivel contributivo para los trabajadores eventuales del Régimen Especial Agrario de la Seguridad Social.

- Las jornadas reales que hayan sido computadas para obtener prestaciones por desempleo de nivel contributivo para los trabajadores eventuales del Régimen Especial Agrario de la Seguridad Social o para obtener otras prestaciones, subsidios o rentas de protección por desempleo no podrán computarse para obtener la renta agraria.

Cuantía de la renta agraria

La cuantía de la renta agraria se fija según el número de jornadas reales trabajadas que se acrediten para obtener el derecho a la renta:

Número de jornadas reales	Porcentaje sobre el IPREM
Desde 35 hasta 64	75 %
Desde 65 hasta 94	80 %
Desde 95 hasta 124	85 %
Desde 125 hasta 154	90 %
Desde 155 hasta 179	95 %
Desde 180	100 %

Reducción del número mínimo de jornadas reales cotizadas y cómputo especial de cotizaciones

Reducción del número mínimo de jornadas reales cotizadas (D.A. 5.º del Real Decreto-ley 2/2024, de 21 de mayo)

Distinta normativa ha adoptado medidas excepcionales y urgentes en materia de empleo para evitar situaciones de desprotección de los trabajadores como consecuencia de la disminución de la necesidad de mano de obra en zonas afectadas por la sequía o inundaciones que reconocían la reducción del número mínimo de jornadas realizadas para acceder a las prestaciones analizadas (Reales Decretos-leyes 10/2005, de 20 de junio; 2/2010, de 19 de marzo; 1/2013, de 25 de enero; 1/2015, de 27 de febrero; 28/2018, de 28 de diciembre; 5/2020, de 25 de febrero, 4/2022, de 15 de marzo, 18/2022, de 18 de octubre, y, 4/2023, de 11 de mayo). Se trata de una medida frecuente cuya última regulación se ha realizado por la **D.A. 5.º del Real Decreto-ley 2/2024, de 21 de mayo, por el periodo desde el 23 de mayo de 2024 hasta el 30 de junio de 2025**.

«Los trabajadores agrarios por cuenta ajena de carácter eventual que, en la fecha de entrada en vigor de este real decreto-ley, estén incluidos en el Sistema Especial para Trabajadores por Cuenta Ajena Agrarios, establecido en el Régimen General de la Seguridad Social y, en dicha fecha, residan en el territorio de las Comunidades Autónomas de Andalucía y Extremadura, podrán ser beneficiarios del subsidio por desempleo que regula el Real Decreto 5/1997, de 10 de enero, por el que se regula el subsidio por desempleo en favor de los trabajadores eventuales incluidos en el Régimen Especial Agrario de la Seguridad Social, o de la renta agraria, establecida por el Real Decreto 426/2003, de 11 de abril, por el que se regula la renta agraria para los trabajadores eventuales incluidos en el Régimen Especial Agrario de la Seguridad Social residentes en las Comunidades Autónomas de Andalucía y Extremadura, aun cuando no tengan cubierto en el citado Sistema de la Seguridad Social el número mínimo de jornadas reales cotizadas establecido, respectivamente, en el artículo 2.1.c) del primero o en el artículo 2.1.d) del segundo de los reales decretos citados, siempre que tengan cubierto en dicho Sistema Especial un mínimo de diez jornadas reales cotizadas en los doce meses naturales inmediatamente anteriores a la situación de desempleo, y reúnan el resto de los requisitos exigidos en la normativa aplicable, de conformidad con el artículo 288 del texto refundido de la Ley General de la Seguridad Social, aprobado por el Real Decreto Legislativo 8/2015, de 30 de octubre, y con lo establecido en los citados reales decretos».

A TENER EN CUENTA. Por el periodo desde el 23 de mayo de 2024 hasta el 30 de junio de 2025 se considerará acreditado un número de 35 jornadas reales cotizadas para el acceso a la renta agraria con diez jornadas reales cotizadas en los doce meses naturales inmediatamente anteriores a la situación de desempleo (D.A. 5.º del Real Decreto-ley 2/2024, de 21 de mayo).

Cómputo especial de cotizaciones (D.F. 9.ª del Real Decreto-ley 2/2024, de 21 de mayo y D.A. 6.º del Real Decreto 426/2003, de 11 de abril)

Para completar el número de treinta y cinco jornadas reales cotizadas, establecido en el art. 2.1.d) del Real Decreto 426/2003, de 11 de abril, podrán computarse, en el caso de los trabajadores mayores de treinta y cinco años, o menores de dicha edad si tienen responsabilidades familiares, las cotizaciones efectuadas al Régimen General de la Seguridad Social durante los doce meses inmediatamente anteriores a la situación de desempleo con ocasión del trabajo prestado en obras afectadas al acuerdo para el empleo y la protección social agrarios, siempre que se hayan cotizado, al menos, veinte jornadas reales al Sistema Especial de Trabajadores por Cuenta Ajena Agrarios, si se ha sido perceptor de la renta agraria en el año inmediatamente anterior o siempre que se hayan cotizado, al menos, treinta jornadas reales al Sistema Especial para Trabajadores por Cuenta Ajena Agrarios, si no se ha sido perceptor de la renta agraria en el año inmediatamente anterior.

Duración

La duración de percepción de la renta agraria se determinará de conformidad con las siguientes reglas:

- En el caso de trabajadores menores de 25 años que no tengan responsabilidades familiares, la duración de la renta será de 3,43 días de derecho por cada jornada real cotizada, con una duración máxima de 180 días.

- En el caso de trabajadores menores de 25 años que tengan responsabilidades familiares, la duración será de 180 días.
- En el caso de trabajadores mayores de 25 años y menores de 52 años, la duración será de 180 días, y, en el caso de trabajadores mayores de 52 años, la duración será de 300 días.

Para fijar la duración de percepción de la renta agraria se entenderá por responsabilidades familiares, tener a cargo al cónyuge y/o hijos, o menores acogidos, con los que conviva, cuando las rentas de la unidad familiar así constituida, incluido el solicitante, divididas por el número de miembros que la componen, no supere el 75 por 100 del Salario Mínimo Interprofesional, excluida la parte proporcional de dos pagas extraordinarias. (STS n.° 315/2019, de 11 de abril de 2019, ECLI:ES:TS:2019:1472).

Compromiso de actividad

Los trabajadores en la fecha de solicitud del subsidio deberán suscribir un compromiso de actividad en los términos a que se refiere el art. 300 de la LGSS. Así mismo, para obtener y mantener la percepción de la renta agraria, deberán cumplir las obligaciones que implique el compromiso de actividad, y aquellas que se concretan en el plan personal de inserción laboral.

Nacimiento, suspensión, reanudación y extinción

Para obtener el derecho a la renta agraria los trabajadores deberán solicitarlo, suscribir el compromiso de actividad en la fecha de la solicitud y reunir y acreditar los requisitos exigidos.

El derecho a la renta agraria nacerá a partir del día siguiente a aquel en que se solicite, sin perjuicio de que el devengo de la cuantía se inicie conforme a lo establecido en el art. 11.1 del Real Decreto 426/2003, de 11 de abril.

La suspensión y extinción del derecho supone la interrupción del abono al trabajador de las prestaciones económicas, y las causas que la motivan son las establecidas para los subsidios por desempleo [art. 271-272 de la LGSS, 8.1.b) y 9.f) y g) del Real Decreto 5/1997, de 10 de enero].

El reconocimiento de la solicitud de reanudación del derecho a la renta agraria llevará aparejado, en caso necesario, la inclusión del trabajador en el Régimen Especial Agrario de la Seguridad Social, a propuesta del SPEE, y el derecho a la reanudación nacerá a partir del día siguiente a aquel en que se solicite.

Compatibilidad e incompatibilidad

La renta agraria será incompatible:

- Con la realización simultánea de un trabajo por cuenta propia o ajena.
- Con la obtención de rentas de cualquier naturaleza que supere el SMI.
- Con la percepción de otras prestaciones o subsidios por desempleo o renta activa de inserción.

- Con las pensiones o prestaciones de carácter económico de la Seguridad Social que sean incompatibles con el trabajo, o que, sin serlo, excedan en su cuantía del SMI.

- Con la condición, del trabajador o de su cónyuge, de propietario, arrendatario, aparcero o titular por concepto análogo de explotaciones agropecuarias cuyas rentas superen el SMI.

Desde el 23/05/2024, las modificaciones realizadas por el Real Decreto-ley 2/2024, de 21 de mayo, suponen la aplicación a todos los subsidios del régimen de compatibilidad general con el trabajo por cuenta ajena mediante el complemento de apoyo al empleo. No obstante, el art. 9.2 del Real Decreto 426/2003, de 11 de abril, no ha sido modificado y sigue referenciando esta posibilidad al subsidio de mayores de 52 años.

CUESTIÓN

En virtud de la derogada D.T. 5.ª 8 de la Ley 45/2002, de 12 de diciembre, era posible compatibilizar la renta agraria con el trabajo por cuenta ajena para los trabajadores mayores de 52 años, ¿qué sucede con los prestacionistas en esta situación?

En virtud del art. 9.2 del Real Decreto 426/2003, de 11 de abril, es posible compatibilizar voluntariamente la renta agraria con el trabajo por cuenta ajena los trabajadores mayores de 52 años, beneficiarios de dicha renta, en los mismos términos regulados en el apartado 8 de la disposición transitoria quinta de la Ley 45/2002, de 12 de diciembre, de medidas urgentes para la reforma del sistema de protección por desempleo y mejora de la ocupabilidad (actualmente derogado).

Ha sido una situación prevista por la D.T. 5.ª del Real Decreto-ley 2/2024, de 21 de mayo: el régimen de compatibilidad previsto para los subsidios por desempleo establecido por la Ley 45/2002, de 12 de diciembre, seguirá rigiéndose por lo previsto en la citada disposición transitoria y por la normativa vigente en la fecha de reconocimiento del subsidio, hasta que se produzca la finalización de la relación laboral, o en su caso, la extinción del subsidio.

2.8. Subsidio por desempleo de los liberados de prisión

Los trabajadores liberados de prisión por libertad condicional o cumplimiento de condena superior a seis meses que no tengan derecho a la prestación por desempleo de nivel contributivo **podían solicitar el denominado subsidio para liberados de prisión tras la excarcelación.**

Como hemos adelantado, a partir del 1 de noviembre de 2024, este colectivo no contará con una protección especial.

3.
NACIMIENTO, SOLICITUD Y PRÓRROGA: ¿CUÁNDO SE TIENE DERECHO AL SUBSIDIO POR DESEMPLEO?

El derecho al subsidio por desempleo **nacerá** a partir del día siguiente al del hecho causante siempre que se solicite en los quince días hábiles siguientes a la fecha del mismo (art. 276 de la LGSS), debiendo tener en cuenta a la hora de su **solicitud**:

- Si se solicita fuera de dicho plazo, pero dentro de los seis meses siguientes a la fecha del hecho causante, nacerá el día de presentación de la solicitud.

- Si se solicita una vez transcurridos los seis meses desde la fecha del hecho causante, la solicitud será denegada, salvo que en el último día de este plazo el solicitante se encontrara realizando trabajos por cuenta propia o ajena, o percibiendo la prestación por incapacidad temporal o por nacimiento y cuidado de menor, en cuyo caso se ampliará el plazo de solicitud hasta los quince días hábiles siguientes a la finalización del trabajo o extinción de la prestación.

- En caso de que con posterioridad a la fecha del hecho causante se hubiera trabajado por cuenta propia o ajena, para acceder al subsidio será necesario que el cese en el último trabajo sea, respectivamente, involuntario o con situación legal de desempleo.

> **A TENER EN CUENTA.** Se considerará fecha del hecho causante del subsidio la del agotamiento de la prestación contributiva por desempleo si se accede al subsidio por esta circunstancia, y, la de la última situación legal de desempleo si se accede por acreditar cotizaciones insuficientes para el acceso a la prestación contributiva.

A los efectos de que se produzca la **prórroga del subsidio** hasta su duración máxima (art. 277 de la LGSS), cada vez que se hayan devengado tres meses de su percepción, los beneficiarios deberán presentar una solicitud de prórroga, acompañada de la documentación acreditativa del mantenimiento de los requisitos de acceso. Dicha solicitud deberá presentarse en el plazo de los quince días hábiles siguientes a la finalización del periodo trimestral. Presentada en dicho plazo, el subsidio se prorrogará desde el día siguiente a la fecha de agotamiento del período de derecho trimestral.

En otro caso, el derecho a la prórroga tendrá efectividad a partir del día de su solicitud, siempre que esta se presente dentro de los seis meses siguientes a la fecha del agotamiento del periodo trimestral. Si la prórroga se solicita fuera de este plazo de seis meses, la solicitud será denegada, salvo que, en el último día de este plazo, el solicitante se encontrara realizando trabajos por cuenta propia o ajena, en cuyo caso se ampliará el plazo de solicitud hasta los quince días hábiles siguientes a la finalización del trabajo. En este caso se exigirá que el último cese previo al reconocimiento de la prórroga sea involuntario o constituya situación legal de desempleo.

JURISPRUDENCIA

STS n.º 932/2020, de 21 de octubre de 2020, ECLI:ES:TS:2020:3672

El TS matiza doctrina sobre la ausencia por partes de un perceptor de subsidio por desempleo de comunicación de la herencia recibida: la obligación de comunicación debe ser en el momento en que se vende el bien heredado y no al tiempo de la escritura de partición y adjudicación de herencia.

STS n.º 130/2017, de 15 de febrero de 2017, ECLI:ES:TS:2017:700

Falta de **reanudación del subsidio por desempleo suspendido por contratación laboral tras dimisión del trabajador**: para el TS, la reanudación del subsidio por desempleo suspendido no es automática e incondicionada. Para que el subsidio se reanude cuando el contrato de trabajo (que provoca su suspensión) finaliza es preciso que lo haga por motivo constitutivo de situación legal de desempleo. No tiene derecho a reanudar la percepción de subsidio por desempleo quien desiste del periodo de prueba, por motivos privados y el primer día de trabajo.

STS n.º 76/2017, de 31 de enero de 2017, ECLI:ES:TS:2017:656

Se declara la ausencia de derecho a prestación de desempleo de extranjero en situación irregular que ha trabajado por cuenta ajena sin contar con autorización.

RESOLUCIONES RELEVANTES

STSJ de Galicia n.º 3688/2015, de 16 de junio de 2015, ECLI:ES:TSJGAL:2015:5167

«Por tanto en el supuesto de autos la actora no tenía cumplida la edad de 55 años (cumple 52) en la fecha del nacimiento del derecho, ni en la fecha de la solicitud, por lo que en aplicación de la legislación vigente en ese momento no puede ser perceptora de un subsidio para mayores de 55 años. Por lo que en el momento de la solicitud no procedía el reconocimiento del subsidio para mayores de 55 años y ello por no reunir un requisito imprescindible tener cumplida la edad de 55 años, siendo el hecho causante para el nacimiento del subsidio por desempleo a la finalización del mes de espera, situación que se produce el 4/8/2012, resultando que en ese momento le son exigibles los nuevos requisitos exigidos por el RDL 20/2012, y al haberlo estimado así la juzgadora de instancia no ha incurrido en las infracciones jurídicas denunciadas en el motivo, lo que conduce a la desestimación del recurso y a la confirmación de la sentencia de instancia».

STSJ de Murcia n.º 847/2014, de 27 de octubre de 2014, ECLI:ES:TSJMU:2014:2416

El hecho de que la actora fuera contratada habiendo trascurrido un mes y 20 días desde que agotó la prestación por desempleo del nivel contributivo, no se extingue el derecho al subsidio que establece el artículo 215.1.a) de la LGSS, sino que tal contratación, suspende el ejercicio de su derecho, sin limitar su duración.

4.
CUANTÍA: ¿CUÁNTO SE PERCIBE POR EL SUBSIDIO DE DESEMPLEO?

Una de las principales novedades impulsadas por el RDL 2/2024, de 21 de mayo, sobre el subsidio por desempleo fue en relación a su cuantía. **Con efectos de 23/05/2024 (y para las prestaciones nacidas tras el 01/11/2024)**:

- Se modifica la cuantía de los subsidios por agotamiento y de cotizaciones insuficientes, introduciendo una fórmula de cuantía decreciente, en tres tramos.

- Se elimina la deducción proporcional en función de las horas trabajadas a tiempo parcial.

- Se incorpora a la regulación de la cuantía del subsidio por cotizaciones insuficientes para la prestación contributiva una previsión análoga a la establecida respecto a esta última para los supuestos de acceso desde una situación de reducción de jornada por nacimiento de hijo, guarda legal, víctimas de violencia de género, y demás regulados.

- Se mantiene la cuantía del subsidio de mayores de cincuenta y dos años.

La cuantía del subsidio será igual a los siguientes porcentajes del **indicador público de rentas de efectos múltiples (IPREM)** mensual vigente en cada momento:

- El 95 por ciento **durante los ciento ochenta primeros días: 570 euros** (según las cantidades del IPREM 2024).

- El 90 por ciento **desde el día ciento ochenta y uno al día trescientos sesenta: 540 euros** (según las cantidades del IPREM 2024).

- El 80 por ciento **a partir del día trescientos sesenta y uno y en caso del subsidio por desempleo para mayores de 52 años: 480 euros** (según las cantidades del IPREM 2024).

A TENER EN CUENTA.

– La cuantía del subsidio por desempleo se revaloriza siempre que se incremente la cuantía del IPREM. La cuantía de la prestación se encuentra sujeta al IPREM mensual vigente en cada momento.

– En los supuestos de compatibilidad del subsidio con el trabajo por cuenta ajena, éste se percibirá como un complemento de apoyo al empleo, sin que cambie su naturaleza jurídica, siendo realmente una nueva forma de compatibilidad del subsidio con el trabajo. El cambio terminológico se hace necesario para distinguir esta nueva regulación de la compatibilidad de la anterior compatibilidad de las prestaciones y subsidios por desempleo con el trabajo a tiempo parcial, así como durante el periodo transitorio hasta la extinción de los subsidios reconocidos con anterioridad a la entrada en vigor de esta reforma.

CUESTIÓN

Antes de la reforma operada por el RDL 2/2024, de 21 de mayo, ¿cuál era la cuantía del subsidio por desempleo?

Atendiendo a la redacción vigente en su momento del art. 278 de la LGSS y apdos. 1.a), 1.b), 3 del art. 274 LGSS:

1. La cuantía del subsidio será igual al 80 % del Indicador Público de Rentas de Efectos Múltiples (IPREM) mensual.

En el caso de desempleo por pérdida de un trabajo a tiempo parcial, dicha cuantía se percibirá en proporción a las horas previamente trabajadas en los siguientes supuestos [apdos. 1.a), 1.b) y 3 del art. 274 de la LGSS):

a) Haber agotado la prestación por desempleo y tener responsabilidades familiares.

b) Haber agotado la prestación por desempleo, carecer de responsabilidades familiares y ser mayor de cuarenta y cinco años de edad en la fecha del agotamiento.

c) Los desempleados que se hallen en situación legal de desempleo y no tengan derecho a la prestación contributiva, por no haber cubierto el período mínimo de cotización, podrán obtener el subsidio siempre que:

» Hayan cotizado al menos tres meses y tengan responsabilidades familiares.

» Hayan cotizado al menos seis meses, aunque carezcan de responsabilidades familiares.

En el caso de desempleo por pérdida de un trabajo a tiempo parcial el subsidio para mayores de 52 años se percibirá al 100 %. (Téngase en cuenta que la modificación de este apdo. 1 por el Real Decreto-ley 8/2019, de 8 de marzo, en lo relativo al subsidio para mayores de 52 años, será aplicable a los derechos al subsidio que nazcan o se reanuden a partir del 13 de marzo de 2019, así como a los que en dicha fecha se estén percibiendo por sus beneficiarios).

En el caso de desempleo por pérdida de un trabajo a tiempo parcial el subsidio para mayores de 52 años se percibirá al 100 %.

2. Durante la percepción del subsidio por desempleo para trabajadores mayores de 52 años la entidad gestora (SPEE o ISM) ingresará las cotizaciones a la Seguridad Social correspondientes a la jubilación. La base de cotización por jubilación será el 125 % del tope mínimo de cotización vigente en cada momento.

Cuando se trate de **trabajadores fijos discontinuos**, si son menores de 52 años y han acreditado un período de cotización de 180 o más días, el Servicio Público de Empleo Estatal ingresará también las cotizaciones a la Seguridad Social correspondientes a la contingencia de jubilación durante un período de 60 días, a partir de la fecha de nacimiento del derecho. Si son mayores de 52 años, el Servicio Público de Empleo Estatal ingresará también las cotizaciones a la Seguridad Social correspondientes a la contingencia de jubilación durante toda la percepción del subsidio a que tuviera derecho, una vez cumplida la edad indicada.

A efectos de determinar la cotización de los supuestos señalados en los párrafos anteriores, **se tomará como base de cotización el tope mínimo de cotización vigente en cada momento**.

5.
DURACIÓN Y COTIZACIÓN: ¿CUÁNTO TIEMPO COBRARÉ EL SUBSIDIO POR DESEMPLEO?

La duración máxima del subsidio por desempleo se determinará según los arts. 277 y 280 de la LGSS.

Históricamente la duración del subsidio por desempleo variaba según la edad, las responsabilidades familiares y las cotizaciones previas del solicitante. No obstante, las últimas modificaciones normativas (Real Decreto-ley 3/20223/2022, de 1 de marzo y Real Decreto-ley 2/2024, de 21 de mayo), han implementado cambios significativos.

Como ya hemos tratado al analizar **los distintos tipos de prestaciones por desempleo**, en la redacción actual del art. 277 de la LGSS, se fijan **distintos parámetros para la duración del subsidio por desempleo** ante el agotamiento de prestación contributiva por desempleo [art. 274.1.a) de la LGSS] y para el derivado de cotizaciones insuficientes para el acceso a la prestación contributiva [art. 274.1.b) de la LGSS].

Emplazando al lector al desarrollo realizado de los **distintos tipos de prestaciones asistenciales por desempleo** para ver la duración de cada uno, aquí nos centraremos en analizar los **efectos de los distintos parámetros establecidos sobre la duración de los subsidios por desempleo generalizados**.

Subsidio por desempleo ante el agotamiento de prestación contributiva por desempleo teniendo (o no) cargas familiares [art. 274.1.a) de la LGSS y art. 277.1 de la LGSS]

La duración máxima del subsidio por desempleo se determinará en función de la edad de la persona solicitante en la fecha de agotamiento de la prestación por desempleo, la acreditación de responsabilidades familiares y la duración de la prestación por desempleo agotada, con arreglo a la tabla establecida en el art. 277.1 de la LGSS:

Existencia de responsabilidades familiares	Edad en la fecha de agotamiento de la prestación	Duración de la prestación por desempleo agotada	Duración máxima del subsidio
No.	<45.	>= 360 días.	6 meses.
No.	>45.	>= 120 días.	6 meses.
Sí.	Indiferente.	>= 120 días.	24 meses.
Sí.	Indiferente.	>=180 días.	30 meses.

Atendiendo a esta tabla:

- Si la prestación por desempleo agotada no es superior a 4 meses (120 días), no correspondería acceso al subsidio. Esto derivará de la necesidad anterior de haber accedido a la prestación contributiva mínima fijada para un periodo de cotización de 360 a 539 días (art. 269 de la LGSS).

- Si en la fecha del hecho causante y de solicitud del subsidio no se tenían responsabilidades familiares, cuando el prestacionista sea menor de 45 años, sin cargas familiares, en la fecha de agotamiento de la prestación contributiva, la percepción del subsidio alcanzará un máximo de 6 meses (exigiéndose que la duración de la prestación contributiva agotada fuera de 360 o más días). Por el contrario, si se trata de una persona mayor de 45 años, sin cargas familiares, en la fecha de agotamiento de la prestación contributiva, la percepción del subsidio alcanzará también un máximo de 6 meses, pero se exige para el acceso a la misma que la duración de la prestación contributiva agotada fuera de 120 o más días.

- Si en la fecha del hecho causante y de solicitud del subsidio se tenían responsabilidades familiares, con independencia de la edad en la fecha de agotamiento de la prestación contributiva, la percepción del subsidio alcanzará un máximo de 24 meses (si la duración de la prestación contributiva agotada fue de 120 o más días) o un máximo de 30 meses (si la duración de la prestación contributiva agotada fue de 180 o más días).

> **A TENER EN CUENTA.** En todos los supuestos la duración máxima se alcanza a través de las correspondientes **prórrogas por periodos trimestrales**.

Subsidio por desempleo ante cotizaciones insuficientes para el acceso a la prestación contributiva por desempleo [art. 274.1.b) de la LGSS y art. 277.2 de la LGSS]

En estos supuestos, la duración máxima del subsidio se determinará en función del periodo de ocupación cotizado y de la acreditación de responsabilidades familiares, con arreglo a la tabla establecida en el art. 277.2 de la LGSS:

Periodo mínimo de ocupación cotizada	Acreditación de responsabilidades familiares	Duración máxima del subsidio
90 días.	Indiferente.	3 meses.
120 días.	Indiferente.	4 meses.
150 días.	Indiferente.	5 meses.
180 días.	No.	6 meses.
180 días.	Sí.	21 meses.

Atendiendo a esta tabla:

- Con independencia de que en la fecha del hecho causante y de solicitud del subsidio existan responsabilidades familiares o no, por ciertos periodos de cotización previa, sin acceso a la prestación contributiva, se establecen automáticamente unas duraciones máximas del subsidio. En estos casos, la duración máxima del subsidio se establece únicamente en función de unos periodos mínimos de ocupación cotizada: por 90 días de cotización: 3 meses de subsidio; por 120 días de cotización: 4 meses de subsidio; por 150 días de cotización: 5 meses de subsidio. En estos casos la duración del subsidio no variará a pesar de existir cargas familiares.

- Si en la fecha del hecho causante y de solicitud del subsidio se acreditan 180 días de ocupación cotizada, la duración del subsidio será superior si se acreditan responsabilidades familiares. En caso de 180 días de cotización sin responsabilidades familiares: 6 meses de subsidio. En caso de 180 días de cotización con responsabilidades familiares: 21 meses de subsidio.

> **A TENER EN CUENTA.** En todos los supuestos la duración máxima se alcanza a través de las correspondientes prórrogas por periodos trimestrales.

Incidencia en la duración del subsidio de la pérdida de los requisitos de carencia de rentas, cargas familiares y la posible compatibilidad con el trabajo

Como hemos tratado a lo largo de la obra, el cumplimiento de los requisitos de carencia de rentas, cargas familiares y la posible compatibilidad con el trabajo por cuenta ajena o propia repercutirá también en la duración del subsidio por desempleo. En algunos casos causando la suspensión del mismo con derecho a reanudación (arts. 271 y 279.1 de la LGSS), en otros la compatibilidad mediante el denominado complemento de apoyo al empleo (art. 282.3 de la LGSS) y, por último, la extinción (arts. 272, 276.2 y 279.2 de la LGSS).

El **subsidio para trabajadores mayores de 52 años** se suspenderá, reanudará y extinguirá conforme a lo previsto en el art. 280 de la LGSS.

6.
SUSPENSIÓN, REANUDACIÓN Y EXTINCIÓN DEL DERECHO AL SUBSIDIO

La suspensión y extinción del derecho al subsidio por desempleo se da en idénticas condiciones que las de la prestación contributiva regulada en los arts. 271-272 de la LGSS con las peculiaridades del art. 279 del mismo texto legal.

6.1. Suspensión y reanudación subsidio por desempleo

Serán de aplicación al subsidio por desempleo las normas sobre suspensión y reanudación de la prestación contributiva por desempleo previstas en el art. 271 de la LGSS con las peculiaridades del art. 279 del mismo texto legal.

De esta forma, una vez reconocido un periodo trimestral del subsidio por desempleo (art. 274.1 de la LGSS), este se suspenderá por las causas que analizaremos y se reanudará en la forma y plazos previstos con carácter general para la prestación contributiva en el citado art. 271 de la LGSS, **siempre que el beneficiario acredite el cumplimiento de los requisitos de acceso**.

Para la reanudación de la prestación tras la suspensión debemos tener presente el plazo de seis meses:

- El **incumplimiento de los requisitos** de carencia de rentas o de responsabilidades familiares al finalizar la situación que supuso la suspensión del subsidio no extingue la prestación. Será posible solicitar su reanudación si se vuelven a cumplir estas especificaciones obligatorias dentro del plazo de los seis meses siguientes a la fecha de finalización de la causa de suspensión. En este caso, la reanudación tendrá efectos desde la fecha de la solicitud, sin días consumidos.

- No procederá la reanudación del subsidio si la solicitud, cumpliendo todos los requisitos exigidos para su reconocimiento, se presenta fuera del **plazo de los seis meses siguientes a la fecha en que finalizó la situación específica** que implicó su suspensión sin que, a los efectos del cómputo de dicho plazo puedan acumularse, a la primera, otras situaciones de suspensión (art. 276.2 de la LGSS).

> **JURISPRUDENCIA**
>
> **STS n.º 932/2020, de 21 de octubre de 2020, ECLI:ES:TS:2020:3672**
>
> El TS matiza doctrina sobre la ausencia por partes de un perceptor de subsidio por desempleo de comunicación de la herencia recibida: La obligación de comunicación debe ser en el momento en que se vende el bien heredado y no al tiempo de la escritura de partición y adjudicación de herencia.

Siempre teniendo presente las especificaciones propias para la suspensión del subsidio citadas con anterioridad, debemos tener presente **algunos de los motivos de suspensión que el subsidio comparte con la prestación contributiva por desempleo** (art. 271 de la LGSS):

1. **Por imposición de sanción.** Durante el periodo que corresponda por imposición de sanción por infracciones leves y graves en los términos establecidos en el texto refundido de la Ley sobre Infracciones y Sanciones en el Orden Social.

Si finalizado el período a que se refiere el párrafo anterior, el beneficiario de prestaciones no se encontrará inscrito como demandante de empleo o mantuviera suspendido el acuerdo de actividad, la reanudación de la prestación requerirá la previa acreditación de dicha inscripción y de la reactivación del acuerdo de actividad por parte del beneficiario, ante la entidad gestora, mediante cualquier medio válido en derecho.

2. **Durante la situación de nacimiento, adopción, guarda con fines de adopción o acogimiento** (art. 284 de la LGSS

3. **Mientras el titular del derecho esté cumpliendo condena que implique privación de libertad.** No se suspenderá el derecho si el titular solicita su continuidad acreditando que la suma de las rentas de su unidad familiar (art. 275 de la LGSS), dividida entre el número de miembros que la componen no exceda del salario mínimo interprofesional.

4. **Mientras el titular del derecho realice un trabajo por cuenta ajena, a tiempo completo o a tiempo parcial, de duración inferior a doce meses.** En este caso la LGSS concreta «salvo en los supuestos y durante el periodo máximo previstos en el artículo 282.2 y 3» donde se regula la compatibilidad de trabajo y prestación por desempleo.

5. **Mientras el titular del derecho realice un trabajo por cuenta propia de duración inferior a sesenta meses** en el supuesto de trabajadores por cuenta propia que causen alta en el Régimen Especial de la Seguridad Social de los Trabajadores por Cuenta Propia o Autónomos o en el Régimen Especial de la Seguridad Social de los Trabajadores del Mar.

6. **Mientras el titular del derecho realice un trabajo por cuenta propia de duración inferior a veinticuatro meses** en el supuesto de actividades con alta en alguna mutualidad de previsión social alternativa al Régimen Especial de la Seguridad Social de los Trabajadores por Cuenta Propia o Autónomos.

> **A TENER EN CUENTA.** La reanudación de la prestación contributiva por desempleo (o subsidio) tras la realización de actividad se regula en el art. 271.3 de la LGSS.

7. **Cuando en los procesos donde se ejerciten acciones derivadas de despido o de decisión extintiva de la relación de trabajo la sentencia declare su improcedencia y el empresario que hubiera optado por la readmisión interpusiera alguno de los recursos autorizados por la LRJS**, mientras el trabajador continúe prestando servicios o no los preste por voluntad del empresario durante la tramitación del recurso.

Una vez que se produzca la resolución definitiva se procederá conforme a lo establecido para las resoluciones recaídas en procedimientos de despido o extinción del contrato de trabajo (arts. 297 de la LRJS y 268.5 de la LGSS):

- Cuando el despido sea considerado improcedente y se opte por la indemnización, el trabajador continuará percibiendo las prestaciones por desempleo o, si no las estuviera percibiendo, comenzará a percibirlas con efectos desde la fecha del cese efectivo en el trabajo, siempre que lo solicite a la entidad gestora, tomando como fecha inicial para tal cumplimiento la del acta de conciliación o providencia de opción por la indemnización o, en su caso, la de la resolución judicial.

- Cuando se produzca la readmisión del trabajador, mediante conciliación o sentencia firme o, aunque aquella no se produzca en el supuesto al que se refiere el artículo 284 de la Ley reguladora de la jurisdicción social, las cantidades percibidas por este en concepto de prestaciones por desempleo se considerarán indebidas por causa no imputable al trabajador. En este caso, la entidad gestora cesará en el abono de las prestaciones por desempleo y reclamará a la Tesorería General de la Seguridad Social las cotizaciones efectuadas durante la percepción de las prestaciones. El empresario deberá ingresar a la entidad gestora las cantidades percibidas por el trabajador, deduciéndolas de los salarios dejados de percibir que hubieran correspondido, con el límite de la suma de tales salarios.

> **A TENER EN CUENTA.** A efectos de lo dispuesto en los párrafos anteriores, se aplicará lo establecido en el art. 295.1 de la LGSS respecto al reintegro de prestaciones indebidas de cuyo pago sea directamente responsable el empresario, así como de la reclamación al trabajador si la cuantía de la prestación hubiera superado la del salario.

8. **En los supuestos de estancia en el extranjero por un período, continuado o no, de hasta noventa días naturales como máximo durante cada año natural**, siempre que la salida al extranjero esté previamente comunicada y autorizada por la entidad gestora [art. 271.1.g) de la LGSS].

> **A TENER EN CUENTA.** No tendrá consideración de estancia ni de traslado de residencia la salida al extranjero por tiempo no superior a treinta días naturales por una sola vez cada año (con anterioridad al 23/05/2024 eran 15 días), sin perjuicio del cumplimiento de las obligaciones establecidas para los solicitantes de prestaciones por desempleo (art. 299 de la LGSS).

La sanción administrativa por incurrir en una infracción por parte de un beneficiario de prestaciones del sistema de seguridad social consistente en el incumplimiento del deber de comunicar al SPEE la salida del territorio español se integra en el tipo contemplado en el art. 25.3 de la LISOS y la sanción prevista en el art. 47.1 b) del citado texto. (STS n.º 77/2024, de 19 de enero de 2024, ECLI:ES:TS:2024:308).

CUESTIÓN

¿Puede extinguirse o suspenderse la prestación por desempleo ante una salida al extranjero no comunicada ni autorizada si el SPEE no conoce el tiempo en que se ha estado fuera del país?

A pesar de que el SPEE no pueda acreditar la duración de la estancia en el extranjero la norma dispone la extinción por estancia en el extranjero cuando no está previamente comunicada y autorizada.

El art. 25.3 de la LISOS no tipifica la falta de autorización, pero si la falta de comunicación a la entidad gestora de que se incurre en causa de suspensión porque se va a estar más de treinta días fuera del extranjero y se precisa de su autorización y, en consecuencia, para que ella tenga conocimiento de la causa que provoca la suspensión de la prestación. (STS n.º 621/2024, de 29 de abril de 2024, ECLI:ES:TS:2024:2333).

JURISPRUDENCIA

STS n.º 293/2024, de 14 de febrero, ECLI:ES:TS:2024:905

Afirma que: «(...), no está de más recordar que, adecuándose como no puede ser de otra manera a la evolución de la regulación legal aplicable [en la actualidad, principalmente, artículos 272 b) y f), en relación con el artículo 271.1 g), y 299 b) y h) LGSS y artículos 25.3 y 47.1 b) LISOS], nuestra jurisprudencia acepta, desde la STS 731/2017, de 27 de septiembre (rcud. 2242/2016), que la prestación de desempleo se puede extinguir por salidas del territorio nacional superiores a quince días no comunicadas al SPEE ni por él autorizadas. Remitimos, por todas, a las STSS 71/2020, de 28 de enero (rcud 1922/2017), y 77/2024, de 19 de enero (rcud 1026/2021)».

9. **Cuando los beneficiarios de las prestaciones por desempleo incumplan la obligación de presentar, en los plazos establecidos, los documentos que les sean requeridos** por la entidad gestora, siempre que los mismos puedan afectar a la conservación del derecho a las prestaciones.

10. **Durante los períodos en los que los beneficiarios no figuren inscritos como demandantes de empleo en el servicio público de empleo competente**, salvo que se encuentren trabajando por cuenta ajena a jornada completa y compatibilizando la prestación o el subsidio como complemento de apoyo al empleo (art. 282.3 de la LGSS).

11. **Durante los periodos** en los que, de acuerdo con la comunicación del Servicio Público de Empleo competente, **se incumpla o suspenda el acuerdo de actividad**.

12. En caso de no presentar anualmente la declaración correspondiente al impuesto sobre la renta de las personas físicas [art. 299.1.k) de la LGSS]. En este caso la suspensión tendrá lugar cuando la entidad gestora detecte que las personas beneficiarias de prestaciones hubieran incumplido durante un ejercicio fiscal la obligación de presentar la declaración del Impuesto sobre la Renta de las Personas Físicas, en las condiciones y plazos previstos en la normativa tributaria aplicable.

13. Cuando los trabajadores fijos-discontinuos que sean llamados a reiniciar su actividad no se reincorporen a su puesto de trabajo, salvo causa justificada.

> **JURISPRUDENCIA**
>
> **STS, de 10 de marzo de 1992, ECLI:ES:TS:1992:12346**
>
> Necesidad de renovación mensual de la demanda de desempleo. Suspensión de la percepción de la prestación durante un mes en caso de incomparecencia ante la entidad gestora. El requisito de la permanencia mediante la renovación mensual, a que se refiere el art. 4 a) del Real Decreto 2394/1986, de 14 de noviembre, ni es constitutivo de derecho, ni su omisión tiene otro alcance que su consideración de falta leve o grave.

6.2. Extinción del subsidio por desempleo

Se producirá la extinción del subsidio por las causas establecidas para la prestación contributiva en el art. 272 de la LGSS [excepto la regulada en su letra h)], y, de forma específica (art. 279.2 de la LGSS):

- Por el **transcurso de seis meses** desde el agotamiento de la prórroga trimestral o desde la finalización de la situación específica que implicó su suspensión

- Por el **transcurso del plazo de los quince días hábiles** siguientes a la finalización del trabajo por cuenta propia o ajena compatibilizado con el subsidio sin haber solicitado la prórroga o reanudación acreditando cumplir todos los requisitos para su reconocimiento.

> **JURISPRUDENCIA**
>
> **STS n.º 591/2017, de 5 de julio de 2017, ECLI:ES:TS:2017:2900**
>
> Extinción del derecho a la prestación por desempleo por estancia indebida en el extranjero. La inexistencia de reclamación previa en tiempo determina la firmeza de la resolución administrativa y no se beneficia de la previsión del art. 71.4 LRJS.
>
> **STS n.º 304/2017, de 5 de abril de 2017, ECLI:ES:TS:2017:1728**
>
> Compatibilidad del subsidio por desempleo con la actividad marginal de mediación comercial. La absoluta incompatibilidad con el trabajo por cuenta propia que proclama el art. 282.1, LGSS no alcanza a la actividad marginal de mediación comercial. Reitera doctrina.

STS n.° 43/2019, de 23 de enero de 2019, ECLI:ES:TS:2019:530

Desempleo: nivel asistencial. Accesibilidad recurso suplicación: sanción de suspensión o extinción subsidio desempleo: procedencia en atención exclusiva a cuantía, conforme doctrina STS/IV Pleno 11-05-2018 (rcud 1800/2016).- Suspensión del subsidio: cantidad a reintegrar: la del mes en que se produce el exceso de rentas o la del todo el periodo desde el percibo de la renta irregular hasta que se pone en conocimiento del SPEE el ingreso. Puesta en conocimiento del pago único en la primera declaración anual de rentas tras su percibo: inexistencia de ocultación de ni de mala fe: la cantidad a reintegrar es la del mes en el que se produce el exceso de rentas: suspensión del subsidio durante dicho mes: aplicación art. 219.2 párrafo segundo LGSS/1994 y no del art. 47.1.b) LISOS, como posibilita la STS/IV Pleno 19-02-2016 (rcud 3035/2014).

STS, rec. 3321/2011, de 28 de septiembre de 2012, ECLI:ES:TS:2012:6790

Al examinar el concepto de rentas interpretando el art. 144.5 de la LGSS (a propósito del cómputo de fincas rústicas heredadas) y resolviendo el debate acerca de si comprendía su valor de tasación o el importe de los frutos o rentas, si bien no en el seno de un expediente de naturaleza sancionadora. Se aludía al citado art. 215-3-2 de la LGSS diciendo que a efectos de determinar el requisito de carencia de rentas que condiciona el derecho al subsidio de desempleo, considera rentas a los rendimientos del capital y de otros derechos o actividades económicas, así como a las plusvalías obtenidas y, a falta de datos, al porcentaje resultante de aplicar al valor del patrimonio un interés (...). Este precepto corrobora que, cuando se trata de prestaciones no contributivas, para el cálculo de las rentas del beneficiario no puede computarse el valor del patrimonio heredado, sino la renta que produce, incluso cuando se vende, supuesto en el que sólo se computan como renta las plusvalías.

STS, rec. 3002/2014, de 28 de septiembre de 2016

Estima que procede la extinción y no la suspensión del subsidio, si no se comunica al SPEE un incremento de rentas [13.191,90 euros] procedente de la venta de acciones llevada a cabo en 28/10/2009, siquiera se hiciese constar posteriormente en la declaración del IRPF correspondiente al ejercicio de tal año y presentada en 2010.

STS, rec. 2135/2013, de 30 de abril de 2014

Se especifica que la falta de comunicación de la percepción puntual de ingresos que provoca la superación del límite de rentas no puede suponer la extinción de la prestación, al tratarse del percibo que aparece reflejado tributariamente.

STS, rec. 2135/2013 de 30 de abril de 2014, ECLI:ES:TS:2014:2558

La falta de comunicación de la percepción puntual de ingresos que provoca la superación del límite de rentas no puede suponer la extinción de la prestación, al tratarse del percibo que aparece reflejado tributariamente.

STS, rec. 4525/2017, de 14 de mayo de 2020, ECLI:ES:TS:2020:3672

Extrapolando la doctrina ya elaborada respecto de la RAI, en orden a fijar la forma de calcular los ingresos derivados de la tenencia de bienes inmuebles urbanos que no constituyen la vivienda habitual del beneficiario y no se encuentran arrendados (a los efectos de tener derecho a la percepción de subsidio por desempleo para mayores de 45 años). En particular, y en la disyuntiva de si deben valorarse aplicando el interés legal del dinero (4 %) a los rendimientos del inmueble cuya cuantía se calcula sobre la base de la imputación fiscal, o si debe aplicarse al valor catastral del inmueble un porcentaje equivalente al 100 % del interés legal del dinero, se reitera que la solución válida es esta última. El legislador se inspiró en el sistema de cálculo de las rentas presuntas establecida a efectos del IRPF, pero se apartó de ella en lo que respecta al porcentaje aplicable. En este caso el TS se decantó por establecer una regla propia de imputación de rendimientos presuntos, distinta de la vigente en el ámbito tributario, decisión que resulta plenamente legítima y encuentra su justificación en que la elegida se aplica para verificar la situación de insuficiencia económica que da derecho a percibir una prestación de carácter asistencial.

Como sucede en el caso de la suspensión, en este caso también debemos tener presente algunos de los motivos de la extinción que el subsidio comparte con la prestación contributiva por desempleo (art. 272 de la LGSS):

1. **Agotamiento del plazo de duración de la prestación**.

2. **Imposición de sanción** en los términos previstos en la Ley sobre Infracciones y Sanciones en el Orden Social.

3. **Realización de un trabajo por cuenta ajena de duración igual o superior a doce meses**, sin perjuicio del derecho de opción (art. 269.3 de la LGSS).

4. **Realización de un trabajo por cuenta propia, por tiempo igual o superior a sesenta meses** en el supuesto de trabajadores por cuenta propia que causen alta en el Régimen Especial de la Seguridad Social de los Trabajadores por Cuenta Propia o Autónomos o en el Régimen Especial de la Seguridad Social de los Trabajadores del Mar

5. **Realización de un trabajo por cuenta propia, por tiempo igual o superior a veinticuatro meses**, en el caso de actividades con alta en alguna mutualidad de previsión social alternativa al Régimen Especial de la Seguridad Social de los Trabajadores por Cuenta Propia o Autónomos.

6. **Cumplimiento, por parte del titular del derecho, de la edad ordinaria de jubilación**, salvo que el trabajador no tuviera acreditado el período de cotización requerido para ello o se trate de supuestos de suspensión de contrato o reducción de jornada [art. 266.d) de la LGSS].

7. **Pasar a ser pensionista de jubilación, o de incapacidad permanente en los grados de incapacidad permanente total, incapacidad permanente absoluta o gran invalidez.** No obstante, en estos casos, el beneficiario podrá optar por la prestación más favorable.

8. **Traslado de residencia o estancia en el extranjero**, salvo en los supuestos que sean causa de suspensión recogidos anteriormente [art. 271.f) y g) de la LGSS]. STS, rec. 4325/2011, de 18 de octubre de 2012, ECLI:ES:TS:2012:7817 y STS, rec. 4065/2010, de 22 de noviembre de 2011, ECLI:ES:TS:2011:8791.

9. **Renuncia voluntaria** al derecho.

10. **Transcurso del plazo de seis años desde la fecha de baja de la prestación sin haber reanudado el derecho.**

JURISPRUDENCIA

STS n.º 591/2017, de 5 de julio, ECLI:ES:TS:2017:2900

Extinción del derecho a la prestación por desempleo por estancia indebida en el extranjero. La inexistencia de reclamación previa en tiempo determina la firmeza de la resolución administrativa y no se beneficia de la previsión del art. 71.4 de la LRJS.

STS n.º 304/2017, de 5 de abril, ECLI:ES:TS:2017:1728

Compatibilidad del subsidio por desempleo con la actividad marginal de mediación comercial. La absoluta incompatibilidad con el trabajo por cuenta propia que proclama el art. 282.1 de la LGSS no alcanza a la actividad marginal de mediación comercial. Reitera doctrina.

7.
COMPATIBILIDAD E INCOMPATIBILIDAD

El art. 282 de la LGSS y el art. 15 del Real Decreto 625/1985, regulan de manera unificada las compatibilidades e incompatibilidades que hay entre la prestación contributiva por desempleo y el subsidio por desempleo. Tras las modificaciones realizadas por el Real Decreto-ley 2/2024, de 21 de mayo, es posible compatibilizar el trabajo a tiempo parcial o completo con la percepción de prestaciones por desempleo percibiendo el denominado «complemento de apoyo al empleo».

7.1. RD-ley 2/2024 y las compatibilidades e incompatibilidades generales de la prestación contributiva y el subsidio por desempleo

Con carácter general, las modificaciones realizadas por el Real Decreto-ley 2/2024, de 21 de mayo, permiten compatibilizar las prestaciones por desempleo con un trabajo a tiempo parcial o completo —los primeros seis meses de actividad en caso de subsidio y hasta los veinticuatro meses en caso de prestación contributiva— mediante el denominado «complemento de apoyo al empleo (CAE)».

- En los supuestos de compatibilidad del subsidio con el trabajo por cuenta ajena, la prestación se percibirá como un CAE, sin que cambie su naturaleza jurídica, siendo realmente una nueva forma de compatibilidad del subsidio con el trabajo.

- En los supuestos de compatibilidad de la prestación contributiva con el trabajo por cuenta ajena, el CAE se percibirá siempre que se hayan devengado nueve meses y que el derecho reconocido fuera igual o superior a doce meses.

La aparición de este **nuevo régimen de compatibilidad** ha supuesto la necesidad de adaptar tanto las prestaciones contributivas por desempleo como los subsidios, lo que puede resultar confuso si no tenemos presente **las distintas fechas de aplicación tanto del art. 282 como de las D.A 57.ª, D.A 58.ª y D.T. 44.ª de la LGSS,** donde se configura un enrevesado régimen transitorio hasta la aplicación efectiva del complemento de apoyo al empleo. Resumiendo la aplicación normativa en un sucinto esquema:

Periodo	Prestación	Compatibilidad trabajo-prestación	Normativa aplicable
Hasta el día 31 de octubre de 2024 y mientras no se aplique la nueva regulación	Subsidios por desempleo. Prestación contributiva por desempleo.	Solo para contratos parciales.	Art. 282 de la LGSS (redacción anterior al 23/05/2024).
Desde el 1 de noviembre de 2024 al 31 de marzo de 2024 *(Inicio de la aplicación de la nueva regulación)*	Subsidios por desempleo. Prestación contributiva por desempleo.	Subsidios por desempleo: complemento de apoyo al empleo. Prestación contributiva por desempleo: complemento de apoyo al empleo compatible con un empleo por cuenta ajena a tiempo completo previa solicitud del beneficiario.	Subsidios por desempleo: art. 282 de la LGSS (redacción vigente desde el 23/05/2024). Prestación contributiva por desempleo: art. 282 de la LGSS (redacción vigente desde el 23/05/2024). Con las peculiaridades previstas en la D.A 59.ª 2 de la LGSS que afectan a la cuantía y duración de la prestación.
Desde el 1 de abril de 2025	Prestación contributiva por desempleo.	Prestación contributiva por desempleo: complemento de apoyo al empleo compatible con el trabajo por cuenta ajena a tiempo completo y a tiempo parcial.	Prestación contributiva por desempleo: art. 282 de la LGSS (redacción vigente desde el 23/05/2024). Con las peculiaridades previstas en la D.A 59.ª 1 de la LGSS que afectan a la cuantía y duración de la prestación.
Desde el 1 de abril de 2025	Subsidio para emigrantes retornados Subsidio para víctimas por violencia de género o sexual	Complemento de apoyo al empleo.	Art. 282 de la LGSS (redacción vigente desde el 23/05/2024). D.T. 44.ª de la LGSS

Con carácter general, la prestación y el subsidio por desempleo serán incompatibles con:

- **El trabajo por cuenta propia,** aunque su realización no implique la inclusión obligatoria en alguno de los regímenes de la Seguridad Social o en alguna mutualidad de previsión social alternativa al Régimen Especial de la Seguridad Social de los Trabajadores por Cuenta Propia o Autónomos.

  - En concordancia con esta previsión, los arts. 271, 272 y 279 de la LGSS regulan los supuestos de suspensión y extinción de las prestaciones y subsidios de desempleo, entre los que incluyen las situaciones en las que el beneficiario haya realizado un trabajo por cuenta propia o ajena por un tiempo inferior o superior al previsto para cada caso en esa norma, o se le hubiere impuesto la sanción de suspensión o extinción de la prestación en los términos previstos en la LISOS.

  - Como excepción a este principio general de incompatibilidad, doctrina y jurisprudencia admiten supuestos especiales a valorar individualmente, tales como: estando ya percibiendo prestaciones desempleo, no declarar ingresos muy pequeños por actividades agrícolas de consumo propio, trabajos puntuales, etc.

  - Igualmente, se admiten supuestos como: solicitar la prestación desempleo de pago único para iniciar una actividad por cuenta propia, o, habiendo percibido prestaciones desempleo, suspendidas al realizar trabajos por cuenta propia, cesando dicha actividad, su reanudación en los términos oportunos.

- **La obtención de prestaciones contributivas de carácter económico de la Seguridad Social,** salvo que éstas hubieran sido compatibles con el trabajo que originó la prestación o el subsidio.

- **Las medidas de protección social previstas en la D.A. 41.ª y D.A. 46.ª de la LGSS,** dirigidas, respectivamente, a las personas trabajadoras afectadas por el Mecanismo RED y por ERTE fuerza mayor o ERTE fuerza mayor por impedimentos o limitaciones en la actividad normalizada autorizados con base en lo previsto en el art. 47.5 y 6 del ET.

La prestación y el subsidio serán compatibles con:

- La percepción de cualquier tipo de rentas mínimas, salarios sociales o ayudas análogas de asistencia social concedidas por cualquier Administración Pública, y con la percepción de las prestaciones económicas no contributivas de la Seguridad Social, excepto la de jubilación.

- La realización de prácticas formativas, prácticas académicas externas incluidas en programas de formación profesional o programas de formación en el trabajo.

> **RESOLUCIÓN RELEVANTE**
>
> **STSJ de Castilla-León n.º 156/2024, de 5 de marzo del 2024, ECLI:ES:TSJCL:2024:1084**
>
> *«(...) conforme al art. 282.2 LGSS las prestaciones desempleo son incompatibles con las prestaciones IT. Según ello, la actora no tenía derecho en ese momento a las prestaciones desempleo pretendidas».*

7.2. Compatibilidad del subsidio por desempleo y el trabajo por cuenta ajena: complemento de apoyo al empleo

Para quienes accedan al subsidio por desempleo manteniendo uno o varios contratos a tiempo parcial, así como para quienes siendo beneficiarios del mismo inicien una relación laboral a tiempo completo o parcial, **el subsidio se compatibilizará con el trabajo como complemento de apoyo al empleo.**

Lo que se ha realizado es, realmente, un simple cambio terminológico para referirse a la una nueva forma de compatibilidad del subsidio con el trabajo (esto se considera necesario para distinguir esta nueva regulación de la compatibilidad de la anterior compatibilidad de las prestaciones y subsidios por desempleo con el trabajo a tiempo parcial, que subsistirá durante el periodo transitorio hasta la extinción de los subsidios reconocidos con anterioridad a la entrada en vigor de esta reforma)

Su **duración máxima será de 180 días**, que podrán percibirse en uno o sucesivos periodos de compatibilidad, con el límite del número de días que restasen por percibir de la duración máxima del subsidio reconocido. Llegado al límite anterior o agotada la duración máxima del subsidio, este quedará suspendido por realización de un trabajo por cuenta ajena y sujeto a las condiciones generales de reanudación por esta causa o extinguido por agotamiento, respectivamente.

La cuantía del complemento de apoyo al empleo se determinará, cada trimestre, en función de la jornada pactada al inicio de la compatibilización y del trimestre en que se encuentre en cada momento el perceptor del complemento de apoyo respecto al inicio del subsidio conforme a la siguiente tabla (art. 282.3 de la LGSS):

Trimestre de subsidio	CAE. Empleo a tiempo completo (% IPREM)	CAE. Empleo a tiempo parcial >= 75 % de la jornada (% IPREM)	CAE. Empleo a tiempo parcial <75 % y >=50 % de la jornada (% IPREM)	CAE. Empleo a tiempo parcial <50 % de la jornada (% IPREM)
1.º	80	75	70	60
2.º	60	50	45	40
3.º	40	35	30	25
4.º	30	25	20	15
5.º y siguientes	20	15	10	5

A TENER EN CUENTA:

– Las situaciones de pluriempleo y modificaciones de jornada sobrevenidas tras la determinación de la cuantía del complemento de apoyo al empleo no producirán ningún efecto sobre la misma.

– El CAE se percibirá mientras se mantenga la relación laboral que lo originó. Durante su percepción, con independencia del porcentaje aplicado, se consumirán tantos días de la duración del subsidio como los días percibidos en concepto de complemento de apoyo al empleo.

– **Su duración máxima será de ciento ochenta días**, que podrán percibirse en uno o sucesivos periodos de compatibilidad, con el límite del número de días que restasen por percibir de la duración máxima del subsidio reconocido. Llegado al límite anterior o agotada la duración máxima del subsidio, este quedará suspendido por realización de un trabajo por cuenta ajena y sujeto a las condiciones generales de reanudación por esta causa o extinguido por agotamiento, respectivamente.

– Obligación de comunicación de los cambios en la relación laboral: la extinción o suspensión de la relación laboral, o la interrupción de la actividad fija discontinua que haya originado el complemento de apoyo al empleo, deberá ser comunicada a la entidad gestora por el beneficiario, en el plazo de los quince días hábiles siguientes, e implicará la suspensión del subsidio, que podrá reanudarse sin compatibilidad previa solicitud del interesado siempre que acredite situación legal de desempleo e inscripción como demandante de empleo y que cumpla los requisitos de carencia de rentas o de responsabilidades familiares.

– **Nueva relación laboral**: si en la fecha de extinción o suspensión de dicha relación laboral, o de interrupción de la actividad, se mantuviera otra, se podrá seguir percibiendo el complemento de apoyo al empleo previo ajuste de su cuantía considerando la jornada ordinaria de trabajo pactada y el trimestre en que se encuentre el subsidio en el momento de surtir efectos la variación.

– Durante el periodo de percepción del complemento de apoyo al empleo por colocación a tiempo completo compatible con el subsidio por desempleo, la entidad gestora no ingresará cotizaciones a la Seguridad Social. Cuando este complemento sea compatible con una colocación a tiempo parcial, la entidad gestora cotizará reduciendo la base de cotización de forma proporcional al tiempo trabajado.

7.3. Incompatibilidad del subsidio por desempleo y el trabajo por cuenta ajena

No se podrá compatibilizar el subsidio con el desempeño de un empleo por cuenta ajena cuando la contratación sea efectuada por:

• Empresas que tengan autorizado expediente de regulación de empleo en el momento de la contratación.

- Empresas en las que el desempleado beneficiario del subsidio haya trabajado en los últimos doce meses anteriores.

- Respecto de las relaciones laborales suspendidas en virtud de expediente de regulación de empleo o del Mecanismo RED.

- Cuando se trate de contrataciones que afecten al cónyuge, ascendientes, descendientes y demás parientes por consanguinidad o afinidad, o en su caso por adopción, hasta el segundo grado inclusive, del empresario o de quienes ostenten cargos de dirección o sean miembros de los órganos de administración de las entidades o de las empresas que revistan la forma jurídica de sociedad, así como las que se produzcan con estos últimos.

JURISPRUDENCIA

STS n.º 304/2017, de 5 de abril de 2017, ECLI:ES:TS:2017:172

Compatibilidad del subsidio por desempleo con la actividad marginal de mediación comercial. Se declara la incompatibilidad con el trabajo por cuenta propia (art. 282.1 LGSS) con una actividad marginal de mediación comercial. Reitera doctrina.

STS, rec. 1881/2014, de 27 de abril de 2015, ECLI:ES:TS:2015:1773

Se considera el subsidio por desempleo compatible con actividades agrícolas orientadas al autoconsumo que producen unos ingresos de 906,75 euros anuales.

CUESTIÓN

¿Puede exigirse una inscripción trimestral en desempleo para acceder a empleos públicos temporales?

La sentencia STS n.º 958/2023, del 12 de julio, ECLI:ES:TS:2023:3232, resuelve un recurso de casación sobre este tema, confirmando la validez del requisito de estar inscrito como demandante de empleo durante tres meses para acceder a empleos públicos temporales. Argumenta que este requisito es razonable para fomentar el acceso al empleo de personas desempleadas y no contraviene los principios de igualdad, mérito y capacidad. Además, se ajusta al artículo 56.3 del EBEP y está respaldado por el convenio colectivo aplicable. (Sempere Navarro, Antonio V. Revista de Jurisprudencia Laboral n.º 7/2023).

8.
OBLIGACIONES, INFRACCIONES Y SANCIONES EN MATERIA DE DESEMPLEO

El régimen de obligaciones, infracciones y sanciones en materia de desempleo se regula en los arts. 289 y 299 de la LGSS y arts. 24-26 de la LISOS. Estas disposiciones también serán aplicables en caso de los subsidios por desempleo.

Existen una serie de obligaciones y responsabilidades de las empresas y trabajadores en relación con la contingencia de desempleo, destacando el papel del Servicio Público de Empleo Estatal (SPEE) en la gestión de las prestaciones. Las empresas tienen deberes específicos como cotizar por desempleo y proporcionar documentación necesaria. Por otro lado, los trabajadores (en función de la prestación contributiva o asistencia) deben cumplir con requisitos como haber cotizado un mínimo de cotización, encontrarse en situación legal de desempleo, cumplir con ciertos requisitos de renta, etc.

8.1. Obligaciones de la entidad gestora de las prestaciones por desempleo

El **Servicio Público de Empleo Estatal (SPEE)** es el organismo autónomo dependiente del Ministerio de Trabajo y Economía Social, encargado de la gestión y control de estas prestaciones por desempleo, salvo para los trabajadores incluidos en el Régimen Especial de la Seguridad Social de los Trabajadores del Mar, cuya gestión y control están encargados al **Instituto Social de la Marina (ISM)**.

Corresponde al SPEE gestionar las funciones y servicios derivados de las prestaciones de protección por desempleo y declarar el reconocimiento, suspensión, extinción y reanudación de las prestaciones, sin perjuicio de las atribuciones reconocidas a los órganos competentes de la Administración laboral en materia de sanciones.

La entidad gestora competente pagará las prestaciones por desempleo en los supuestos de incumplimiento de las obligaciones de afiliación, alta y de cotización, sin perjuicio de las acciones que pueda adoptar contra la empresa infractora y la responsabilidad que corresponda a esta por las prestaciones abonadas (art. 281 de la LGSS).

8.2. Obligaciones por parte de los empresarios

El art. 298 de la LGSS, establece como obligaciones de los **empresarios**:

1. Cotizar por la aportación empresarial a la contingencia de desempleo.

2. Ingresar las aportaciones propias y las de sus trabajadores en su totalidad, siendo responsables del cumplimiento de la obligación de cotización.

3. Proporcionar la documentación e información que reglamentariamente se determinen a efectos del reconocimiento, suspensión, extinción o reanudación del derecho a las prestaciones. Los empresarios y, en su caso, las Administraciones Públicas estarán obligados a facilitar a los trabajadores, en el plazo de diez días, a contar desde el siguiente a su situación legal de desempleo, el certificado de empresa conforme al modelo que se acompaña como anexo y, en su caso, las comunicaciones escritas y certificaciones a que se refiere el art. 1.º del Real Decreto 625/1985, de 2 de abril.

4. Entregar al trabajador el certificado de empresa, en el tiempo y forma que reglamentariamente se determinen.

5. Abonar a la entidad gestora competente las prestaciones satisfechas por ésta a los trabajadores cuando la empresa hubiese sido declarada responsable de la prestación por haber incumplido sus obligaciones en materia de afiliación, alta o cotización.

6. Proceder, en su caso, al pago delegado de las prestaciones por desempleo.

7. Comunicar la readmisión del trabajador despedido en el plazo de cinco días desde que se produzca e ingresar en la Entidad Gestora competente las prestaciones satisfechas por ésta a los trabajadores en los supuestos regulados en el art. 268.5 de la LGSS.

8. Comunicar, con carácter previo a que se produzcan, las variaciones realizadas en el calendario, o en el horario inicialmente previsto para cada uno de los trabajadores afectados, en los supuestos de aplicación de medidas de suspensión de contratos o de reducción de jornada previstas en el art. 47 del Estatuto de los Trabajadores.

Infracotización y prestación por desempleo

En este punto es necesario destacar que el incumplimiento de las obligaciones en materia de cotización por parte de la empresa determinará la exigencia de responsabilidad, en cuanto al pago de las prestaciones (arts. 167 y 281 de la LGSS).

Pago delegado de la prestación por desempleo

Las empresas colaborarán con la entidad gestora asumiendo el pago delegado de la prestación por desempleo en los supuestos y en las condiciones que reglamentariamente se determinen. En estos casos, la empresa reintegrará las prestaciones que correspondan al SPEE descontándolas del importe de las liquidaciones que han de efectuar para el ingreso de las cuotas de Seguridad Social correspondiente al mismo período (art. 26 del Real Decreto 625/1985, de 2 de abril).

RESOLUCIÓN RELEVANTE

STSJ de Galicia, rec. 7/2020 de 31 de julio de 2020, ECLI:ES:TSJGAL:2020:4506

Declara la responsabilidad del empresario en el pago de parte de la prestación de desempleo ante la infracotización apreciada en un periodo de un año.

La sala considera que concurren los elementos que permiten atribuir responsabilidad a la empleadora por falta de cotización por la clara voluntad de incumplir, pues ha incumplido durante toda la relación laboral, ya que —pese a ser su verdadera empleadora— mantuvo al actor en el RETA, como si de un empresario se tratase, negándole durante seis años su condición de empleado; el actor lucró una prestación de jubilación; y la falta de cotización ha tenido una influencia directa en la base reguladora, que —de haberse efectuado— se eleva de los 723,34 € a los 926,59 €, modificando el porcentaje aplicable del 84 al 86 %, suponiendo una diferencia neta mensual de 189,26 €. Ello implica —concluye— una responsabilidad proporcional de la empleadora al abono de la pensión.

JURISPRUDENCIA

STS, rec. 3614/2011, de 26 noviembre de 2012, ECLI:ES:TS:2012:9177

Declara que en los casos de infracotización empresarial, que tiene repercusión en el importe de la prestación, hay responsabilidad empresarial por la diferencia entre la pensión que le reconoce la Entidad Gestora y la que le hubiera correspondido de haber cotizado correctamente.

8.3. Obligaciones de las personas trabajadoras asociadas al desempleo

Por su parte, el art. 299 de la LGSS, establece como obligaciones de los **trabajadores y de los solicitantes y beneficiarios de prestaciones por desempleo**:

* Haber cotizado a la contingencia de desempleo durante un periodo mínimo de trescientos sesenta días dentro de los seis años anteriores a la situación legal de desempleo o al momento en que cesó la obligación de cotizar (en este caso para la prestación contributiva).

- Proporcionar la documentación e información que reglamentariamente se determine a efectos del reconocimiento, suspensión, extinción o reanudación del derecho a las prestaciones.

- Proporcionar a los servicios públicos de empleo autonómicos y a la entidad gestora los datos que precisen para la comunicación física o por medios electrónicos.

- Inscribirse como persona demandante de empleo, mantener la inscripción, suscribir y cumplir las exigencias del acuerdo de actividad (art. 3 de la Ley 3/2023, de 28 de febrero).

- Comparecer, cuando haya sido previamente requerido, ante la entidad gestora, los servicios públicos de empleo o las agencias de colocación cuando desarrollen actividades en el ámbito de colaboración con aquellos.

- Buscar activamente empleo y participar en acciones de mejora de la ocupabilidad que se determinen.

- Participar en los programas de empleo, o en acciones de promoción, formación o reconversión profesionales, que determinen los servicios públicos de empleo, o las agencias de colocación cuando desarrollen actividades en el ámbito de colaboración con aquellos y aceptar la colocación adecuada que le sea ofrecida por los servicios públicos de empleo o por dichas agencias

- Justificar, en el plazo de cinco días, haber comparecido en el lugar y fecha indicados para cubrir las ofertas de empleo facilitadas por las entidades gestoras.

- Solicitar la baja en las prestaciones por desempleo cuando se produzcan situaciones de incompatibilidad, suspensión o extinción del derecho o se dejen de reunir los requisitos exigidos para su percepción.

- Comunicar las situaciones de interrupción de la actividad fija discontinua suspensión o extinción de la relación laboral que originó el complemento de apoyo al empleo.

- Reintegrar las prestaciones indebidamente percibidas.

- Presentar anualmente la declaración correspondiente al Impuesto sobre la Renta de las Personas Físicas.

En materia de infracciones se estará a lo dispuesto en los arts. 24-26 (infracciones de los trabajadores o asimilados, beneficiarios y solicitantes de prestaciones) y 20-32 (infracciones en materia de seguridad social) de la LISOS, sancionadas siguiendo el régimen específico establecido para los solicitantes y beneficiarios de pensiones o prestaciones de Seguridad Social o según el incumplimiento por parte de la empresa.

A TENER EN CUENTA. La entrada en vigor (con efectos de 02/03/2023) de la Ley 3/2023, de 28 de febrero, de Empleo, junto con otros cambios normativos impulsados por la norma, ha supuesto que **quienes soliciten o perciban prestaciones o subsidios de desempleo (o prestaciones por cese de actividad) deberán adquirir la condición de personas demandantes de servicios de empleo,**

---

suscribir un acuerdo de actividad y, en base a este acuerdo, comprometerse a aceptar una colocación adecuada. El rechazo de empleo adecuado puede suponer una causa de suspensión o extinción de la prestación por desempleo.

CUESTIONES

¿Qué se entiende por acuerdo de actividad?

Las personas que cumplan los requisitos establecidos en el art. 266 de la LGSS deberán solicitar a la entidad gestora competente el reconocimiento del derecho a las prestaciones que nacerá a partir de que se produzca la situación legal de desempleo, siempre que se solicite dentro del plazo de los quince días siguientes. La solicitud requerirá: «(...) la inscripción como persona demandante de empleo. Asimismo, en la fecha de solicitud se deberá suscribir el acuerdo de actividad al que se refiere el artículo 3 de la Ley 3/2023, de 28 de febrero, de Empleo».

El acuerdo documentado mediante el que se establecen derechos y obligaciones entre la persona demandante de los servicios públicos de empleo y el correspondiente Servicio Público de Empleo para incrementar la empleabilidad de aquella, atendiendo, en su caso, a las necesidades de los colectivos prioritarios.

JURISPRUDENCIA

STS, rec. 2785/2014 de 13 de mayo de 2015, ECLI:ES:TS:2015:3089

La aplicación de los tipos sancionadores en caso de percepción de subsidio por desempleo e inicio de trabajo incompatible sin comunicación al SPEE, debe respetar los criterios de legalidad, tipicidad, evitación de la analogía.

STS n.º 660/2018, de 21 de junio de 2018, ECLI:ES:TS:2018:2893

Falta de renovación de la demanda de empleo en la fecha prevista en el documento expedido por el SPEE. Reiterando doctrina, la sala de lo social entiende que no procede la sanción de pérdida definitiva de la prestación realizando una equiparación al cuadro sancionador de otras infracciones del beneficiario en materia de desempleo.

STS n.º 1068/2018, de 14 de diciembre de 2018, ECLI:ES:TS:2018:4471

La falta de cumplimiento del requerimiento efectuado por el SPEE es causa de baja temporal —un mes—.

STS, rec. 3344/2005, de 7 diciembre 2006, ECLI:ES:TS:2006:8570

Se analiza si debe entenderse o no correctamente realizada la comunicación de haber obtenido nueva colocación, producida cerca de dos meses después de obtener el nuevo empleo. En ella se explica que la comunicación del trabajo incompatible debe realizarse en el momento en que se produzcan situaciones determinantes de suspensión o extinción del derecho, lo que significa «de inmediato y en todo caso antes de que transcurra el tiempo -normalmente el final de mes- que determina la percepción de una nueva mensualidad indebida, pues esta percepción indebida por la falta de comunicación constituye el núcleo de la conducta que el referido precepto tipifica como falta grave». En el supuesto estaba claro que se había producido la superposición de prestaciones públicas de desempleo y rentas salariales derivadas de un trabajo incompatible. La doble afirmación que se realiza (hay que comunicar de inmediato, pero se llega a tiempo si se evita el pago) posee sentido en ese contexto. No debe entenderse que se haya querido amparar la infracción del deber de comunicar anticipadamente la causa de suspensión.

8.4. Infracciones de los beneficiarios y solicitantes de prestaciones por desempleo

Analizamos las infracciones de los trabajadores o asimilados, beneficiarios y solicitantes de prestaciones reguladas en los arts. 24-26 de la Ley de Infracciones y Sanciones en el Orden Social (LISOS).

Podemos clasificar las infracciones en las siguientes:

Infracciones leves

Son infracciones leves (art. 24 de la LISOS):

- No facilitar a la entidad correspondiente o a la empresa, cuando le sean requeridos, los datos necesarios para su afiliación o su alta en la Seguridad Social y, en su caso, las alteraciones que en ellos se produjeran, los de la situación de pluriempleo, y, en general, el incumplimiento de los deberes de carácter informativo.

- No comparecer, previo requerimiento, ante la entidad gestora de las prestaciones en la forma y fecha que se determinen, salvo causa justificada.

- En el caso de los solicitantes o beneficiarios de prestaciones por desempleo de nivel contributivo o asistencial, o de trabajadores por cuenta propia solicitantes o beneficiarios de la prestación por cese de actividad:

  - No comparecer, previo requerimiento, ante los servicios públicos de empleo o las agencias de colocación cuando desarrollen actividades en el ámbito de la colaboración con aquellos, salvo causa justificada.

  - No devolver en plazo, salvo causa justificada, al servicio público de empleo o, en su caso, a las agencias de colocación sin fines lucrativos el correspondiente justificante de haber comparecido en el lugar y fecha indicados para cubrir las ofertas de empleo facilitadas por aquéllos.

  - No cumplir las exigencias del acuerdo de actividad en los términos establecidos en el art. 3 de la Ley 3/2023, de 28 de febrero, de Empleo, salvo causa justificada, siempre que la conducta no esté tipificada como otra infracción leve o grave en los artículos 24 o 25 de la LISOS.

  - No facilitar a los servicios públicos de empleo, la información necesaria para garantizar la recepción de sus notificaciones y comunicaciones. Las citaciones o comunicaciones efectuadas por medios electrónicos se entenderán válidas a efectos de notificaciones siempre que los trabajadores hayan expresado previamente su consentimiento.

- En el caso de solicitantes o beneficiarios de prestaciones por desempleo de nivel contributivo o asistencial, no facilitar a la entidad gestora de dichas prestaciones la información necesaria para garantizar la recepción de sus notificaciones y comunicaciones. Las citaciones o comunicaciones efectuadas por medios electrónicos se entenderán válidas a efectos de notificaciones siempre que los trabajadores hayan expresado previamente su consentimiento o esté obligados a recibirlas por una norma con rango de Ley.

CUESTIÓN

¿Cómo se sancionan las infracciones leves tipificadas en los apdos. 2, 3 y 4 del art. 24 de la LISOS? ¿Cómo se sanciona la infracción leve tipificada en el art. 24.3 de la LISOS?

Las sanciones leves se sancionarán con pérdida de la pensión o prestación durante un mes. En el caso de las prestaciones por desempleo de nivel contributivo o asistencial, las infracciones leves tipificadas en los apartados 2, 3 y 4 del artículo 24 se sancionarán conforme a la siguiente escala [art. 47.1.a) de la LISOS]:

1.ª Infracción. Pérdida de un mes de prestaciones.

2.ª Infracción. Pérdida de tres meses de prestaciones.

3.ª Infracción. Pérdida de seis meses de prestaciones.

4.ª Infracción. Extinción de prestaciones.

En el caso de la prestación por cese de actividad de los trabajadores autónomos, la infracción leve del art. 24.3 de la LISOS se sancionará conforme a la siguiente escala [art. 47.1.a) de la LISOS]:

1.ª Infracción. Pérdida de 15 días de prestación.

2.ª Infracción. Pérdida de 1 mes y 15 días de prestación.

3.ª Infracción. Pérdida de 3 meses de prestación.

4.ª Infracción. Extinción de la prestación.

Se aplicarán estas escalas a partir de la primera infracción y cuando entre la comisión de una infracción leve y la anterior no hayan transcurrido más de los 365 días (art. 41.1 de la LISOS), con independencia del tipo de infracción.

Infracciones graves

Son infracciones graves (art. 25 de la LISOS):

- Efectuar trabajos por cuenta propia o ajena durante la percepción de prestaciones, cuando exista incompatibilidad legal o reglamentariamente establecida, sin perjuicio de la posible compatibilización del percibo de prestaciones o subsidio por desempleo con el trabajo por cuenta propia o ajena, salvo en el caso del trabajo a tiempo parcial en los términos previstos en la normativa correspondiente (en el supuesto de subsidio por desempleo de los trabajadores eventuales agrarios, se entenderá que el trabajador ha compatibilizado el percibo de la prestación con el trabajo por cuenta ajena o propia cuando los días trabajados no hayan sido declarados en la forma prevista en su normativa específica de aplicación).

- No comparecer, salvo causa justificada, a los reconocimientos médicos ordenados por las entidades gestoras o colaboradoras, en los supuestos así establecidos, así como no presentar ante las mismas los antecedentes, justificantes o datos que no obren en la entidad, cuando a ello sean requeridos y afecten al derecho a la continuidad en la percepción de la prestación.

- No comunicar, salvo causa justificada, las bajas en las prestaciones en el momento en que se produzcan situaciones determinantes de incompatibilidad, suspensión o extinción del derecho, excepto la de no figurar inscritos como demandantes de empleo en el servicio público de empleo competente, o cuando se dejen de reunir los requisitos para el derecho a su percepción siempre que por cualquiera de dichas causas se haya percibido indebidamente la prestación.

- En el caso de solicitantes o beneficiarios de prestaciones por desempleo de nivel contributivo o asistencial, o de trabajadores por cuenta propia solicitantes o beneficiarios de la prestación por cese de actividad:

  - Rechazar una oferta de empleo adecuada, ya sea ofrecida por los servicios públicos de empleo o por las agencias de colocación cuando desarrollen actividades en el ámbito de la colaboración con aquéllos, salvo causa justificada.

  - Negarse a participar en acciones, programas o actividades señalados en el itinerario o plan personalizado para la mejora de la empleabilidad y el acceso al mercado de trabajo, salvo causa justificada, ofrecidos por los servicios públicos de empleo o entidades colaboradoras. [A los efectos previstos en la LISOS, se entenderá por colocación adecuada la que reúna los requisitos establecidos en el art. 3.g) de la Ley 3/2023, de 28 de febrero.

CUESTIÓN

En el caso de la prestación por cese de actividad de los trabajadores autónomos, la infracción grave tipificada en el art. 25.4.b) de la LISOS, ¿cómo se sancionará?

En el caso de la prestación por cese de actividad de los trabajadores autónomos, la infracción grave tipificada en el artículo 25.4.b) se sancionará conforme a la siguiente escala [art. 47.1.b) de la LISOS]:

1. Infracción: pérdida de 1 mes y 15 días de prestación.

2. Infracción: pérdida de 3 meses de prestación.

3. Infracción: extinción de la prestación.

Infracciones muy graves

Son infracciones muy graves (art. 26 de la LISOS):

- Actuar fraudulentamente con el fin de obtener prestaciones indebidas o superiores a las que correspondan, o prolongar indebidamente su disfrute mediante la aportación de datos o documentos falsos; la simulación de la relación laboral; y la omisión de declaraciones legalmente obligatorias u otros incumplimientos que puedan ocasionar percepciones fraudulentas.

- Compatibilizar la solicitud o el percibo de prestaciones o subsidio por desempleo, así como la prestación por cese de actividad de los trabajadores autónomos, con el trabajo por cuenta propia o con el trabajo por cuenta ajena, salvo en los casos expresamente previstos en la normativa correspondiente.

- La connivencia con el empresario para la obtención indebida de cualesquiera prestaciones de la Seguridad Social.

- La no aplicación o la desviación en la aplicación de las prestaciones por desempleo, que se perciban según lo que establezcan programas de fomento de empleo.

> **JURISPRUDENCIA**
>
> **STS, rec. 1905/2000, de 20 de marzo de 2001, ECLI:ES:TS:2001:2237**
>
> La entidad gestora no puede reclamar de oficio el exceso indebidamente percibido como consecuencia de haberse disfrutado pensiones por encima de los topes permitidos, «si no que debe acudir al órgano judicial correspondiente».

8.5. Cuantía y graduación de las sanciones

En el caso de los solicitantes y beneficiarios de pensiones o prestaciones de Seguridad Social, incluidas las de desempleo y la prestación por cese de actividad de los trabajadores autónomos, las infracciones se sancionarán:

Infracciones leves

Las leves se sancionarán con pérdida de pensión durante un mes. En el caso de las prestaciones por desempleo de nivel contributivo o asistencial, las infracciones leves tipificadas se sancionarán conforme a la siguiente escala (apdos. 2 y 3 del art. 24 y art. 47 de la LISOS):

- 1.ª infracción. Pérdida de 1 mes de prestaciones.
- 2.ª infracción. Pérdida de 3 meses de prestaciones.
- 3.ª infracción. Pérdida de 6 meses de prestaciones.
- 4.ª infracción. Extinción de prestaciones.

En el caso de la prestación por cese de actividad de los trabajadores autónomos, la infracción leve (art. 24.3 y 47 de la LISOS) se sancionará conforme a la siguiente escala:

- 1.ª infracción. Pérdida de 15 días de prestación.
- 2.ª infracción. Pérdida de 1 mes y 15 días de prestación.

- 3.ª infracción. Pérdida de 3 meses de prestación.
- 4.ª infracción. Extinción de la prestación.

Se aplicarán estas escalas a partir de la primera infracción y cuando entre la comisión de una infracción leve y la anterior no hayan transcurrido más de los 365 días (art. 41.1 y 47 de la LISOS), con independencia del tipo de infracción.

Infracciones graves

Las graves (tipificadas en el art. 25 de la LISOS) se sancionarán con pérdida de la prestación o pensión durante un período de tres meses —salvo las de su 25.2 en las prestaciones por incapacidad temporal en las que la sanción será de extinción de la prestación—.

En el caso de las prestaciones por desempleo de nivel contributivo o asistencial las infracciones graves tipificadas en el art. 25.3 y 4 de la LISOS se sancionarán conforme a la siguiente escala:

- 1.ª Infracción. Pérdida de 3 meses de prestaciones.
- 2.ª Infracción. Pérdida de 6 meses de prestaciones.
- 3.ª Infracción. Extinción de prestaciones.

En el caso de la prestación por cese de actividad de los trabajadores autónomos, la infracción grave tipificada en el art. 25.4 b) de la LISOS se sancionará conforme a la siguiente escala:

- 1.ª Infracción. Pérdida de 1 mes y 15 días de prestación.
- 2.ª Infracción. Pérdida de 3 meses de prestación.
- 3.ª Infracción. Extinción de la prestación.

Se aplicarán estas escalas a partir de la primera infracción y cuando entre la comisión de una infracción grave y la anterior no hayan transcurrido más de los 365 días que establece el artículo 41.1 de la LISOS, con independencia del tipo de infracción.

Infracciones muy graves

Las muy graves se sancionarán con pérdida de la pensión durante un período de seis meses o con extinción de la prestación o subsidio por desempleo, o de la prestación por cese de actividad del trabajador autónomo.

Igualmente, se les podrá excluir del derecho a percibir cualquier prestación económica y, en su caso, ayuda de fomento de empleo durante un año, así como del derecho a participar durante ese período en acciones formativas en materia de formación profesional ocupacional y continua.

No obstante, las sanciones anteriores, en el supuesto de que la transgresión de las obligaciones afecte al cumplimiento y conservación de los requisitos que dan derecho a la prestación, podrá la entidad gestora suspender cautelarmente la misma hasta que la resolución administrativa sea definitiva.

A TENER EN CUENTA. Tendrán la consideración de beneficiarios de prestaciones por desempleo los trabajadores desempleados durante el plazo de quince días hábiles de solicitud de las prórrogas del subsidio por desempleo (art. 276.2 de la LGSS), así como durante la suspensión cautelar o definitiva de la prestación o subsidio por desempleo como consecuencia de un procedimiento sancionador o de lo establecido en el art. 271.1.h) de la LGSS.

El art. 39 de la LISOS en relación con **los criterios de graduación** de las sanciones establece:

«1. Las sanciones por las infracciones tipificadas en los artículos anteriores podrán imponerse en los grados de mínimo, medio y máximo, atendiendo a los criterios establecidos en los apartados siguientes».

«2. Calificadas las infracciones, en la forma dispuesta por esta ley, las sanciones se graduarán en atención a la negligencia e intencionalidad del sujeto infractor, fraude o connivencia, incumplimiento de las advertencias previas y requerimientos de la Inspección, cifra de negocios de la empresa, número de trabajadores o de beneficiarios afectados en su caso, perjuicio causado y cantidad defraudada, como circunstancias que puedan agravar o atenuar la graduación a aplicar a la infracción cometida».

9.
RECLAMACIONES ANTE LA DENEGACIÓN DEL SUBSIDIO POR DESEMPLEO: ¿CÓMO RECLAMAR AL SPEE EL SUBSIDIO?

Con carácter general, los afectados por cualquier resolución del Servicio Público de Empleo Estatal (SPEE) deben presentar una reclamación administrativa y, si es necesario, llevar el caso a los Juzgados de lo Social.

El proceso de reclamación judicial de la prestación por desempleo se define como un **proceso especial dentro del ámbito de la Seguridad Social**, regulado por los artículos 140 a 147 de la Ley reguladora de la jurisdicción social (LRJS). Este proceso no se limita a una única modalidad procesal, sino que abarca diversas cuestiones relacionadas con la materia de Seguridad Social, aplicándose de manera supletoria las disposiciones del proceso ordinario (arts. 76 a 101 de la LRJS) para aquellos aspectos no expresamente previstos. (*Procesos especiales en el orden social. Paso a paso*. Colex. Año 2023).

En este proceso especial encantamos especificaciones propias dentro del art. 147 de la LRJS para la impugnación de prestaciones por desempleo.

Como veremos, corresponde al SPEE declarar y exigir la devolución de las prestaciones indebidamente percibidas por los trabajadores y el reintegro de las prestaciones de cuyo pago sea directamente responsable el empresario (art. 295 de la LGSS).

A TENER EN CUENTA. El SPEE, en su condición de entidad gestora de las prestaciones de desempleo en sus niveles contributivo y asistencial, incluidas en el ámbito de la acción protectora del Sistema de la Seguridad Social tal y como preceptúa el art. 42.1.c) de la LGSS, es titular del beneficio de asistencia jurídica gratuita de conformidad con lo dispuesto en el art. 2 b) de la Ley 1/1996, de 10 de enero, reguladora de la Asistencia Jurídica Gratuita, que se lo concede a «las Entidades Gestoras y Servicios Comunes de la Seguridad Social en todo caso». (STS n.º 14/2024, de 21 de febrero de 2024, ECLI:ES:TS:2024:1242).

Principales motivos por los que el SPEE
niega el subsidio por desempleo

Los subsidios por desempleo están dirigidos a todas aquellas personas que hayan agotado, o no tengan derecho, a la prestación contributiva por desempleo y que cumplan ciertos requisitos de carencia de rentas, responsabilidades familiares o edad. De esta forma, los principales motivos por los que el SPEE deniega, extingue o suspende el subsidio por desempleo se encuentran asociados al cumplimiento de los requisitos necesarios que hemos ido tratando a lo largo de la obra y sobre los que se puede profundizar en los prácticos del anexo.

Reclamación al SPEE por denegación
del subsidio por desempleo

Como hemos tratado a lo largo de la obra, para el reconocimiento de la prestación por desempleo el solicitante deberá presentar la solicitud ante la oficina del Servicio Público de Empleo Estatal (art. 294 de la LGSS) correspondiente, siguiendo el art. 262 y ss. de la LGSS. El SPEE es el encargado de resolver el expediente, concediendo o denegando la prestación basándose en el cumplimiento de los requisitos establecidos.

La resolución de aprobación de las prestaciones por desempleo emitida por el SPEE verificará el cumplimiento de los requisitos y los detalles de la prestación.

En caso de denegación, el SPEE comunica al solicitante los motivos de la decisión, basándose en los hechos y fundamentos de derecho que la justifican. Tanto en las resoluciones de aprobación como en las de denegación, se informa al solicitante sobre su derecho a interponer una **reclamación previa a la vía jurisdiccional social dentro de los 30 días hábiles siguientes a la recepción de la notificación** (art. 71.2 de la LRJS).

Formulada reclamación previa, **la Entidad Gestora deberá contestar expresamente a la misma en el plazo de 45 días**. En caso contrario se entenderá denegada la reclamación por **silencio administrativo**.

En caso de que la resolución a la reclamación previa no resulte favorable a los intereses del prestacionista, podrá interponer demanda ante la jurisdicción social en el plazo de 30 días, a contar desde la fecha en que se notifique la denegación de la reclamación previa o desde el día en que se entienda denegada por silencio administrativo. (*Procesos especiales en el orden social. Paso a paso*. Colex. Año 2023).

10.
REINTEGRO DE PRESTACIONES POR DESEMPLEO INDEBIDAMENTE PERCIBIDAS O SU COMPENSACIÓN

Los arts. 33, 33 bis, 34 y 34 bis del Real Decreto 625/1985, de 2 de abril regulan el reintegro de prestaciones por desempleo indebidamente percibidas o su compensación.

10.1. Procedimiento para el reintegro de prestaciones indebidamente percibidas

Cuando el trabajador perciba indebidamente prestación o subsidio por desempleo, el Servicio Público de Empleo Estatal procederá de acuerdo con las siguientes reglas (art. 33 del Real Decreto 625/1985, de 2 de abril):

- Acordará el inicio del procedimiento de reintegro informando al interesado de su derecho a formular alegaciones en el plazo de diez días.

- Transcurrido dicho plazo, y valoradas las alegaciones si se hubiesen formulado, dictará resolución declarando la existencia o inexistencia de percepción indebida de las prestaciones y, en su caso, la cuantía del cobro indebido.

El plazo máximo para resolver el procedimiento y notificar la resolución será de seis meses. Contra la resolución de la Dirección Provincial del Servicio Público de Empleo Estatal que exija el reintegro de las cantidades indebidamente percibidas, el trabajador (o el empresario) podrá interponer, en el plazo de **treinta días** contados a partir del día siguiente al de la notificación, reclamación previa (art. 71 de la LRJS).

El trabajador dispondrá de un plazo de treinta días, a partir de la notificación de la resolución, para reintegrar la cuantía de la prestación o subsidio indebidamente percibidos. Transcurrido dicho plazo, sin que haya sido obtenido el reintegro de la deuda, en los casos en los que no se pueda aplicar la compensación o descuento, o bien cuando, procediendo dicha compensación o descuento, no hubiera sido posible cancelar la deuda en su totalidad, se aplicará el procedimiento de apremio establecido en el art. 84 y ss. Real Decreto 1415/2004, de 11 de junio.

CUESTIONES

1. ¿En algún supuesto podrá exigirse al empresario el reintegro de la prestación por desempleo indebidamente percibida?

Sí. En los supuestos previstos en las letras a), c) y e) del art. 23.1 de la LISOS y cuando la empresa deba responder de la devolución de las cantidades indebidamente percibidas por la persona trabajadora como responsable solidaria o directa (arts. 23.2 y 43.3 de la LISOS).

2. ¿El SPEE reclamará cualquier cantidad?

En aplicación de los principios de economía y eficacia administrativa, podrá no iniciarse el procedimiento de reintegro cuando el importe de una deuda sea inferior a la cantidad que determine el Ministerio de Trabajo y Economía Social como insuficiente para la cobertura del coste que su exacción y recaudación represente, y si tal circunstancia sobreviniese con posterioridad a su inicio, se pondrá fin al procedimiento en los términos y condiciones que aquél establezca, con los efectos previstos en el art. 116.2 de la LGSS (art. 33.3 bis del Real Decreto 625/1985, de 2 de abril).

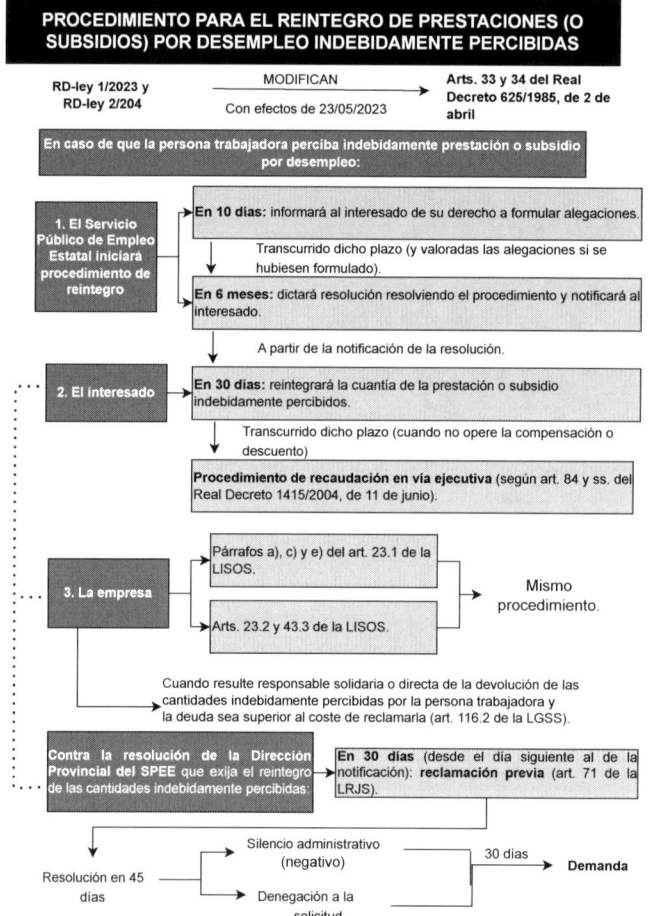

10.2. Fraccionamiento del pago de las deudas derivadas de la percepción indebida de prestaciones por desempleo

La entidad gestora, podrá conceder fraccionamiento, para el pago de deudas de protección por desempleo, a solicitud de los sujetos responsables del pago, cuando la situación económico-financiera y demás circunstancias concurrentes, discrecionalmente apreciadas por el órgano competente para resolver, les impida efectuar el ingreso de sus débitos (art. 33 bis del RD 625/1985, de 2 de abril).

La concesión del fraccionamiento, siempre y cuando se cumplan las condiciones establecidas y en la resolución que lo conceda, dará lugar, en relación con la deuda fraccionada a la suspensión del procedimiento recaudatorio.

> **A TENER EN CUENTA.** Si la solicitud de fraccionamiento se presentara una vez transcurrido el plazo de treinta días, se aplicará al principal, el recargo por ingreso fuera de plazo previsto en el art. 30 de la LGSS.

La duración total del fraccionamiento no podrá exceder de cinco años. No obstante, cuando concurran causas de carácter extraordinario debidamente acreditadas, se podrá conceder otro período superior, dictándose la correspondiente resolución.

La concesión de fraccionamiento dará lugar al **devengo de interés**, que será exigible desde su concesión hasta la fecha de pago, conforme al tipo de interés de demora que se encuentre vigente en cada momento durante el período de duración del fraccionamiento.

El interés que corresponda será aplicable sobre el principal de la deuda y, en su caso, sobre el correspondiente recargo.

La solicitud de fraccionamiento contendrá necesariamente los datos precisos para la identificación del deudor y de la deuda, con expresión de los motivos que la originan, del plazo y vencimientos que se solicitan y del lugar o medio elegido a efectos de notificaciones. Contendrá también, en su caso, el ofrecimiento de garantías por el titular de los derechos que vayan a asegurar el cumplimiento, con justificación de su suficiencia.

El Servicio Público de Empleo Estatal podrá recabar del solicitante cuanta documentación considere necesaria para acreditar la situación económico-financiera y demás circunstancias que hubieran sido alegadas en la solicitud y, en general, cuantos informes y actuaciones estime convenientes para adoptar la resolución.

Si la solicitud de fraccionamiento no reuniese los requisitos exigidos o no se aportasen con ella los documentos establecidos, o se apreciasen en ella defectos u omisiones, se requerirá al solicitante para que subsane la falta o acompañe los documentos preceptivos en el plazo de 10 días, con indicación de que en caso contrario se dictará resolución teniéndole por desistido de su solicitud.

El cumplimiento del fraccionamiento deberá asegurarse mediante garantía suficiente para cubrir el importe principal de la deuda y recargos para deudas superiores a 150.000 euros.

La resolución por la que se resuelva la solicitud de fraccionamiento deberá ser dictada en el plazo máximo de tres meses, contados a partir de la fecha de entrada en el registro del órgano competente para su tramitación. Transcurrido dicho plazo sin que haya recaído resolución expresa, podrá entenderse desestimada la solicitud. En dicha resolución deberá indicarse la cuantía total y el período de la deuda aplazada, la duración y vencimientos del fraccionamiento, así como los plazos para la constitución de las garantías y cumplimiento de las demás condiciones que se establezcan, extremos que, en atención a las circunstancias concurrentes, podrán diferir de los solicitados.

En caso de **denegación** de la solicitud, la resolución dará un nuevo plazo de ingreso de 15 días desde la notificación de la resolución.

Dará lugar a la denegación de la solicitud de fraccionamiento la concurrencia de alguna de las siguientes circunstancias:

- Que el solicitante haya incurrido en reiterados incumplimientos de fraccionamiento anteriormente concedidos.
- Que, al momento de la solicitud, hubiera sido expedida la providencia de apremio.

En caso de incumplimiento de cualquiera de las condiciones o pagos del fraccionamiento se aplicará, sin más trámite, lo establecido en el artículo 84 y ss. del Reglamento General de Recaudación de la Seguridad Social (Real Decreto 1415/2004, de 11 de junio).

10.3. Compensación de prestaciones por desempleo

El Servicio Público de Empleo Estatal podrá efectuar las correspondientes compensaciones o descuentos en la prestación por desempleo que sean de su competencia, para resarcirse de las cantidades indebidamente percibidas por la persona trabajadora (art. 34 del Real Decreto 625/1985, de 2 de abril). No obstante:

- Cuando el solicitante de prestaciones por desempleo tuviera deudas pendientes con la entidad gestora, se iniciará la compensación de la deuda con cargo al nuevo derecho hasta que el beneficiario haya reintegrado las cantidades pendientes o le sea concedido el fraccionamiento del pago de la deuda.

- En caso de fraccionamiento del pago de las deudas derivadas de la percepción indebida de prestaciones por desempleo (art. 33 bis del Real Decreto 625/1985, de 2 de abril), cuando, antes de que se dicte resolución, el interesado solicitase una nueva prestación, y siempre que el importe del primer pago de la prestación derivada del reconocimiento del nuevo derecho fuera superior al de la deuda, podrá compensarse la cantidad adeudada y percibir la diferencia a su favor si el beneficiario manifiesta su conformidad.

- En aquellos casos en los que por la Entidad Gestora se revisase la duración o cuantía de las prestaciones por desempleo, o los periodos de percepción, por cualquier causa, únicamente se iniciará el procedimiento de reintegro por el exceso de cuantía resultante de la regularización entre las cantidades efectivamente percibidas y las que se hubiesen debido percibir.

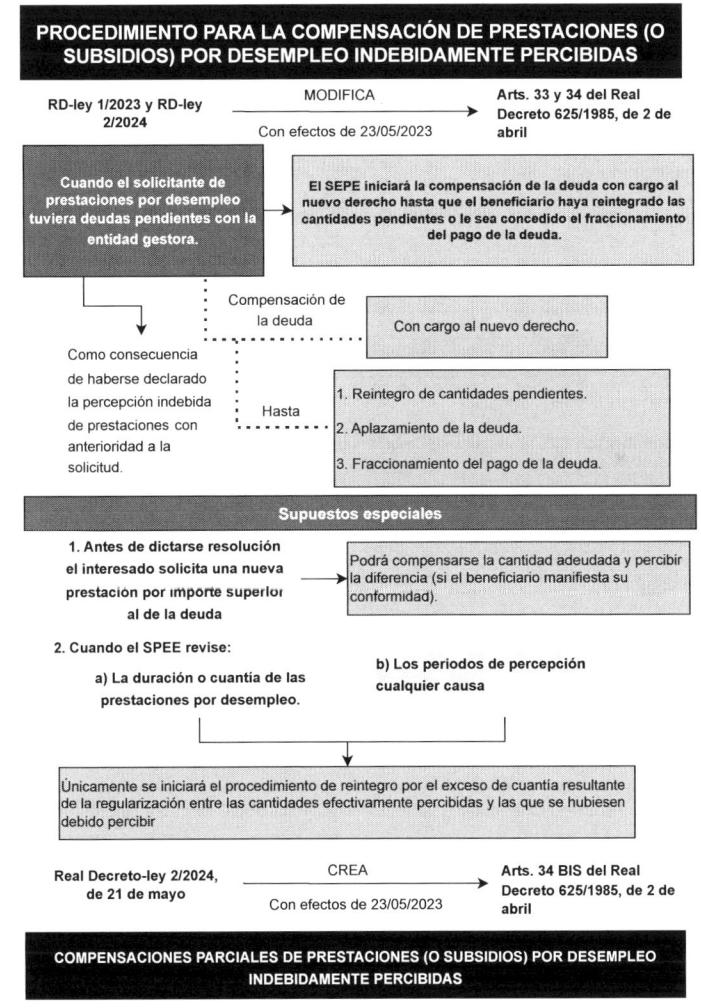

Compensaciones parciales de las prestaciones por desempleo

Desde el 23/05/2024, la entidad gestora podrá conceder, a solicitud del trabajador, la compensación parcial mensual de su deuda con cargo al nuevo derecho reconocido, cuando la situación económico-financiera y demás circunstancias concurrentes, discrecionalmente apreciadas por el órgano competente para resolver, así lo aconseje.

Con carácter general, la **cantidad a compensar mensualmente** será la equivalente al cociente que resulte de dividir el importe total de la deuda entre el número de meses de duración del derecho reconocido.

En el caso de que, con anterioridad a la fecha del agotamiento del derecho reconocido y con el que se está compensando la deuda, concurriera cualquier causa de suspensión del mismo, el trabajador dispondrá del plazo de quince días para cancelar la deuda pendiente, o en su caso, solicitar su fraccionamiento. Transcurrido dicho plazo, sin que se haya reintegrado la deuda ni solicitado su fraccionamiento, se aplicará lo establecido en el art. 84 y ss. del Reglamento General de Recaudación de la Seguridad Social (Real Decreto 1415/2004, de 11 de junio).

A TENER EN CUENTA. A la solicitud de compensación parcial le resulta de aplicación las normas de tramitación previstas en los apdos. 5, 6 y 7 del art. 33 bis del Real Decreto 625/1985, de 2 de abril.

Se denegará la **compensación** parcial cuando:

- No se acredite el requisito de carencia de rentas o, en su caso, el de responsabilidades familiares conforme a lo establecido en los apdos. 1 y 2 del art. 275 de la Ley General de la Seguridad Social.
- Cuando la TGSS haya expedido la providencia de apremio.

Se excluye del procedimiento de compensación parcial:

- Las prestaciones por incapacidad temporal que sean abonadas por la entidad gestora en aplicación de lo previsto en el artículo 283.2 del texto refundido de la Ley General de la Seguridad Social.

CUESTIÓN

¿Qué sucede en los supuestos en los que el trabajador se oponga a la compensación total de su deuda, pero no solicite la compensación parcial?

Será de aplicación lo establecido en el art. 84 y ss. del Reglamento General de Recaudación de la Seguridad Social (Real Decreto 1415/2004, de 11 de junio). No obstante, si trabajador acredita que el importe total de las rentas de cualquier naturaleza, tanto propias como, en su caso, del resto de miembros de la unidad familiar, incluyendo el importe bruto de la prestación por desempleo de la que sea titular, es inferior a la cuantía mensual de las pensiones de jubilación e invalidez en la modalidad no contributiva, podrá proponer ante la entidad gestora el plan de compensación y de futuros pagos que estime viable, pudiendo ésta ampliar el plazo máximo de cinco años en el tiempo que fuera necesario para su cancelación.

COMPENSACIONES PARCIALES DE PRESTACIONES (O SUBSIDIOS) POR DESEMPLEO INDEBIDAMENTE PERCIBIDAS

Real Decreto-ley 2/2024, de 19 de diciembre	CREA Con efectos de 23/05/2024	Arts. 34 BIS del Real Decreto 625/1985, de 2 de abril

Cuando el solicitante de prestaciones por desempleo tuviera deudas pendientes con la entidad gestora.	→	El SEPE, podrá conceder, a solicitud del trabajador, la **compensación parcial mensual de su deuda** con cargo al nuevo derecho reconocido, cuando la situación económico-financiera y demás circunstancias concurrentes, discrecionalmente apreciadas por el órgano competente para resolver, así lo aconseje.

- La **cantidad a compensar mensualmente** será:
Importe total de la deuda / N.º de meses de duración del derecho reconocido.
- **Tramitación**:
Apdos. 5, 6 y 7 art. 33 bis del RD 625/1985 y art. 84 del RD 1415/2004, de 11 de junio.

Supuestos especiales

1. Suspensión de la prestación por desempleo con la que se está compensando la deuda	→	El trabajador podrá (en 15 días) cancelar la deuda pendiente, o en su caso, solicitar su fraccionamiento (art. 33 bis).
2. Cuando se acrediten rentas en cuantía mensual inferior a las pensiones de jubilación e invalidez no contributivas	→	El trabajador podrá proponer a la entidad gestora el plan de compensación y de futuros pagos que estime viable (el plazo máximo de cinco años se amplía por el tiempo que fuera necesario para la cancelación).

La compensación parcial se denegará

1. Cuando no se acredite el requisito de carencia de rentas o, en su caso, el de responsabilidades familiares (art. 275.1 y 2 de la LGSS).

2. Cuando la Tesorería General de la Seguridad Social haya expedido la providencia de apremio

Se excluyen del procedimiento de compensación parcial se denegará

1. Las prestaciones por IT abonadas por la entidad gestora (art. 283.2 de la LGSS).

ANEXO I.
CASOS PRÁCTICOS

Caso práctico | ¿El subsidio por desempleo puede verse afectado por actividades agrícolas de autoconsumo?

PLANTEAMIENTO

Un beneficiario de subsidio por desempleo que realiza actividades agrícolas orientadas al autoconsumo ha recibido una comunicación por parte del SPEE extinguiendo su prestación por incompatibilidad.

- ¿El subsidio por desempleo puede verse afectado por actividades agrícolas de autoconsumo?

- Si la actividad agraria supone unos ingresos brutos residuales y está enfocada al autoconsumo, ¿se incurrirá en los supuestos de incompatibilidad del art. 282 de la LGSS? ¿y la suspensión de la prestación por falta de comunicación de la actividad?

RESPUESTA

El Tribunal Supremo entiende que si la actividad agraria supone unos ingresos brutos residuales y está enfocada al autoconsumo no se incurrirá en los supuestos de incompatibilidad del art. 282.1 de la LGSS y, por lo tanto, no procede la extinción de la prestación.

La incompatibilidad de que trata el art. 282 de la LGSS presupone —entendemos— no solamente una apariencia de la referida profesionalidad, sino la existencia de una explotación agraria —cualquiera que sea su entidad y grado de organización—orientada a la producción de bienes con básicos fines de mercado, por lo que ha de excluirse tal incompatibilidad cuando la labor agraria se concreta «(...) a un reducido cultivo para consumo familiar, en términos tan limitados que excluyan palmariamente la posibilidad de fraude; sostener lo contrario comporta desconocer una realidad sociológica y lleva a consecuencias desproporcionadas y poco acordes a la equidad». (STSJ de Castilla y León n.º 156/2024, de 5 de marzo del 2024, ECLI:ES:TSJCL:2024:1084).

La aplicación de los criterios doctrinales que citaremos también nos lleva a concluir que no puede imponerse la sanción de extinción de la prestación o subsidio de desempleo, cuando el beneficiario ha omitido la comunicación a la entidad gestora de la obtención de rendimientos económicos insignificantes, que no han de tener la menor incidencia en el derecho al mantenimiento de la prestación, en tanto que ni tan siquiera han de dar lugar a su suspensión, al tratarse de una actividad absolutamente marginal y de nula relevancia económica que no resulta incompatible con su percepción.

Como doctrina establecida en supuestos similares al analizado podemos citar:

- STS, rec. 1881/2014, de 27 de abril de 2015, ECLI:ES:TS:2015:1773, examinó la extinción del subsidio de desempleo de una trabajadora que por la realización de actividades agrícolas había obtenido 906,75 euros, concluyendo que no procedía la extinción del subsidio con el siguiente razonamiento:

«Así las cosas, la doctrina que precedentemente hemos reproducido y que en la presente sentencia reiteramos, ciertamente es aplicable a todos los casos de actividades agrarias que sean merecedoras de tal nombre, siquiera no den lugar —por ausencia de habitualidad y no integrar medio fundamental de vida: art. 2.1 LSA y RSA— a la inclusión en el REA, pero en manera alguna puede alcanzar a unas labores orientadas al autoconsumo [las aceitunas cosechadas en el caso se limitaron a compensar el aceite previamente adquirido en la almazara], que carecen del menor atisbo de profesionalidad y que incluso pueden considerarse - como muy razonablemente entendió la sentencia de instancia- "trabajos residuales y esporádicos de mera administración y conservación de un pequeño patrimonio agrícola, que de otro modo se vería malbaratado y perdido por dejar de prestarse los cuidados mínimos imprescindibles, que incluyen la recogida del fruto».

- **STS, rec. 2683/2014, de 12 de mayo de 2015, ECLI:ES:TS:2015:2465**, examinó la extinción del subsidio de desempleo de una trabajadora que por la realización de actividades agrícolas —venta de almendra— había obtenido 285,66 euros concluyendo que no procedía la extinción del subsidio.

- **STS, rec. 1066/2016, de 5 de abril de 2017, ECLI:ES:TS:2017:1728**, examinó la extinción del subsidio de desempleo de un trabajador que por la realización de actividades de intermediación había obtenido en el año 2011 1283,46 euros brutos —64,35 euros netos— concluyendo que no procedía la extinción del subsidio.

- **STS, rec. 600/2018, de 23 de julio de 2020, ECLI:ES:TS:2020:2788**, examinó la extinción de la prestación de desempleo de una trabajadora que por la venta de una Thermomix recibió una comisión de 206,76 euros concluyendo que no procedía la extinción del subsidio, invocando sentencias precedentes que han resuelto la misma cuestión razona:

«En todas ellas decimos que deben tenerse en cuenta a estos efectos varias consideraciones: "a) la necesidad de contemplar la aplicación casuística de la doctrina de la Sala en esta materia; b) que el trabajo por cuenta propia será incompatible con la prestación, aunque no determine la inclusión en el campo de aplicación de alguno de los regímenes de la Seguridad Social; c) la prudencia a la hora de aplicar las rotundas afirmaciones que se hacen en la STS de 4/11/1997, rcud. 212/97, para evitar sacarlas fuera de contexto que debe situarse en sus justos y razonables términos en la "delimitación económica" de cada caso; d) valorar si los rendimientos derivados de la actividad "pueden calificarse -con cierta propiedad- de verdadero "rendimiento económico" a los fines de que tratamos, cualidad ésta que .... es presupuesto sobreentendido del "trabajo por cuenta propia" que el art. 221.1 LGSS proclama incompatible con la prestación o el subsidio por desempleo; e) la exclusión de las "labores orientadas al autoconsumo".....que carecen del menor atisbo de profesionalidad; f) tener en cuenta que: " La incompatibilidad de que trata el art. 221.1 LGSS presupone .....no solamente una apariencia de la referida profesionalidad, "sino la existencia de una explotación agraria -cualquiera que sea su entidad y grado de organización- orientada a la producción de bienes con básicos fines de mercado, por lo que ha de excluirse tal incompatibilidad cuando la labor agraria se concreta -como en autos- a un reducido cultivo para consumo familiar, en términos tan limitados que excluyan palmariamente la posibilidad de fraude; sostener lo contrario comporta desconocer una realidad sociológica y lleva -como en el caso ahora debatido- a consecuencias desproporcionadas y poco acordes a la equidad".

Como ya antes hemos apuntado, estos mismos parámetros en aplicación del principio de insignificancia deben ser considerados en la valoración de cualquier tipo de actividad económica marginal que pudiere haber desarrollado el perceptor de las prestaciones de desempleo, pues si bien es verdad que resultan de más fácil constatación en la realización de labores agrícolas vinculadas al autoconsumo, pueden también trasladarse a otro tipo de actividades en las que concurra el esencial y más relevante elemento de su total y absoluta irrelevancia económica, hasta el punto de considerarse ocupaciones marginales que ni tan siquiera puedan calificarse con cierta propiedad como "trabajos por cuenta propia"».

Caso práctico | ¿Puedo perder el subsidio por desempleo si recibo una herencia?

PLANTEAMIENTO

Una persona beneficiaria de un subsidio por desempleo presentó su declaración anual de rentas sin reportar cambios en sus ingresos o situación familiar a pesar de la aceptación de una herencia que incluía una parte de un inmueble.

La aceptación de una herencia o la falta de comunicación de esa situación, ¿pueden llevar a la extinción del subsidio?

RESPUESTA

La falta de comunicación de la obtención de rentas incompatibles con el subsidio no debe implicar siempre la extinción del mismo, ya que la mera aceptación de una herencia no es equiparable a un incremento real y cierto del patrimonio. No obstante, para cada caso será necesario fijar los términos temporales y constitutivos de esa responsabilidad, analizar la concurrencia o no de una situación determinante de la suspensión o extinción, o si el beneficiario ha dejado de ostentar algún requisito imprescindible para tener derecho al percibo de la prestación.

Con carácter general, **el simple hecho de aceptación de la herencia no apareja irremediablemente la baja en la prestación del subsidio ni, por ende, la automaticidad en la obligación de comunicar aquélla**. «El deber nacerá cuando la entidad o sustancia de la adjudicación resulte determinante de la suspensión o, en su caso, de la extinción, o si conlleva que el heredero deje de reunir uno de los requisitos legalmente configurados para el percibo o mantenimiento del subsidio». (STS n.º 491/2023, de 7 de julio de 2023, ECLI:ES:TS:2023:3104).

En definitiva, como se desprende de las resoluciones que ahora se citan, **no ha de estarse al valor pecuniario de los bienes heredados, sino al de los rendimientos que realmente generen una vez incorporados al patrimonio del beneficiario.**

STSJ de Cataluña, rec. 6888/2016, de 17 de enero de 2017, ECLI:ES:TSJCAT:2017:128

Se concluyó que ha de estarse al rendimiento del inmueble que se adjudica en la herencia pero no al valor del mismo. Añade que si bien las causas de suspensión y extinción del subsidio son independientes si se recurre a la LGSS y a la LISOS, y que existe obligación de presentar, al menos cada 12 meses una declaración de ingresos para que la Entidad Gestora determine si procede o no la continuidad en la percepción, no puede entenderse incumplida la obligación de comunicar las variaciones de renta que podrían afectar a la dinámica del subsidio, por cuanto lo que se constata es una mera aceptación de herencia que no puede considerarse renta, y por lo tanto, la conversión en renta presunta, implica que no se alcance el límite del 75 % SMI, sin que sea de aplicación, por lo tanto, la LISOS a efectos de extinción del subsidio, por no suponer la aceptación de la herencia/renta que deba ser comunicada.

STS, rec. 2489/2018, de 21 de octubre de 2020, ECLI:ECLI:ES:TS:2020:3672

En relación a la aceptación de herencia no comunicada señala que la cuestión suscitada es la de determinar si la obligación de comunicar al SPEE la percepción de rendimientos incompatibles derivados de una adquisición hereditaria debe producirse al tiempo de la adjudicación de herencia o bien ulteriormente cuando se enajena el bien adquirido por vía hereditaria, de manera que la falta de dicha comunicación en el primer momento conlleve la extinción del subsidio de desempleo, y no solo la suspensión por el retraso. El TS confirma la suspensión de la prestación, señalando que del art. 215.3.2 de la LGSS se infiere que cuando se trata de prestaciones no contributivas, para el cálculo de las rentas del beneficiario no puede computarse el valor del patrimonio heredado, sino la renta que produce, incluso cuando se vende, supuesto en el que solo se computan las plusvalías, por lo tanto no son válidos los parámetros efectuados por el SPEE, porque solo hubo un incremento de patrimonio inmobiliario en una cuota proindiviso, resultando una cantidad exigua.

El razonamiento de la sentencia es el siguiente: «Para la resolución del debate suscitado hemos de recorrer diferentes pronunciamientos de esta Sala IV, partiendo de la dicción del invocado art. 25.3 de la LISOS, que configura, dentro de la Sección dedicada a las infracciones de los trabajadores o asimilados, beneficiarios y solicitantes de prestaciones, como infracción grave: «3. No comunicar, salvo causa justificada, las bajas en las prestaciones en el momento en que se produzcan situaciones determinantes de la suspensión o extinción del derecho, o cuando se dejen de reunir los requisitos para el derecho a su percepción (...)».

STS, rec. 1378/2017, de 10 de abril de 2019, ECLI:ES:TS:2019:1536

Enjuició un supuesto de subsidio de desempleo (para mayores de 52 años) en el que no se comunicó a la Entidad gestora el incremento de patrimonio por aceptación de una herencia conforme a la cual se adjudicaba una parte de un bien inmueble, sino posteriormente, con ocasión de su enajenación.

Utilizando como eje normativo el art. 219.5 LGSS/1994 (actual art. 280 de la LGSS/2015), en el que se dispone que «(...) para mantener la percepción del subsidio previsto en apartado 1.3 del art. 215 de esta Ley, para los trabajadores mayores de 55 años [ahora 52 años], los beneficiarios deberán presentar ante la entidad gestora una declaración de sus rentas (...)». Sobre este inicial presupuesto, la Sala efectúa su argumentación, de la que se destacan los siguientes puntos:

> «a) Se pone de relieve, en primer lugar, que las normas de Seguridad Social que regulan la dinámica del derecho al subsidio por desempleo parecen entrecruzarse o interferirse mutuamente a modo de doble regulación - sustantiva y sancionadora- de situaciones semejantes contempladas en la normativa de Seguridad Social y en la de la Ley 5/2000, de Infracciones y Sanciones en el Orden Social (LISOS).
>
> b) No obstante, consideramos que las circunstancias concretas previstas en los arts. 212.1 a) y 213.1 c) LGSS, relativos a la suspensión y extinción por imposición de sanción, "están de manera clara legalmente dotadas de entidad propia y constituyen causas autónomas y separadas de los demás supuestos de suspensión o extinción del subsidio, que por ello no resultarán de aplicación cuando esas consecuencias provengan de la imposición de una sanción en los términos legalmente previstos en la LISOS, lo que supone que las causas de suspensión y extinción del derecho a que se refiere el párrafo segundo del número 2 del art. 219 LGSS han de ser necesariamente diferenciadas en relación con las que provistas de identidad propia se contienen en la LISOS como sanciones que llevan aparejada esa suspensión o extinción del subsidio".

c) Esa conclusión sobre la autonomía de la causa de extinción del derecho por vía de aplicación de las causas específicamente previstas en la LISOS se extrae también de lo establecido en el art. 25 de la misma; el cual, dentro de la Sección dedicada a las infracciones de los trabajadores o asimilados, beneficiarios y solicitantes de prestaciones, califica como infracción grave: "3. No comunicar, salvo causa justificada, las bajas en las prestaciones en el momento en que se produzcan situaciones determinantes de la suspensión o extinción del derecho, o cuando se dejen de reunir los requisitos para el derecho a su percepción (...)".

d) La suspensión del subsidio -que no la extinción- por la percepción de rentas incompatibles con la percepción de aquél únicamente procede "en aquellos casos en los que el perceptor del subsidio sí hubiese comunicado a la Entidad Gestora la concurrencia de esos devengos". Pero, esta solución no puede ser la misma para los supuestos en que haya concurrido ocultación de los incrementos de rentas, puesto que "sostener lo contrario equivaldría a justificar que en realidad resultaría lo mismo, no existiría diferencia alguna entre dos perceptores del subsidio cuando uno de ellos hubiere cumplido con la obligación de declarar aquellos ingresos que le imponen los preceptos citados y otro no lo hubiese hecho, pues en ambos casos únicamente se produciría la suspensión del derecho como resultado final"».

De ello deriva la sentencia la consecuencia jurídica de que en esas situaciones «en las que no hubo comunicación del incremento o del ingreso en el patrimonio del beneficiario, ha de ser la de extinción del subsidio, de conformidad con lo previsto en los arts. 25 y 47 LISOS, y no la suspensión imputable al mes en el que se ha producido el devengo, como podría resultar de la aplicación del párrafo segundo del art. 219.2 LGSS, destinado a los casos en los que sí se hubiese puesto en conocimiento de la Gestora la existencia de tales ingresos con los que se rebasan los límites previstos en el art. 215 LGSS», como tiene declarado esta Sala IV/ TS en sentencia de 28 de septiembre de 2016 —rcud. 3302/2014—, si bien indica, no cabe desconocer que no estamos examinando la procedencia de una sanción fiscal, sino la prestacional y por el concreto incumplimiento de obligaciones establecidas en la legislación sobre desempleo.

STS, rec. 740/2018, de 16 de julio de 2020, ECLI:ES:TS:2020:2779

Sobre subsidio por desempleo para mayores de 55 años (ahora mayores de 52 años), extinguido por no haber comunicado al SPEE la obtención de un premio de lotería (en importe de 27.500 euros) y correlativa reclamación de percepciones indebidas, se recuerda que el citado art. 215.1 de la LGSS condiciona el derecho a la carencia de rentas superiores en cómputo mensual al 75 % SMI, excluida la parte proporcional de dos pagas extra, incluyendo como ingresos computables las ganancias patrimoniales y las rentas o rendimientos que de las mismas puedan derivarse. La falta de notificación o comunicación en ese supuesto da lugar a imponer la sanción del art. 25.3 de la LISOS y la extinción del subsidio conforme al art. 47.1 del mismo texto legal.

Argumenta la sentencia que «(...) no estamos ante un ingreso patrimonial cuya compleja naturaleza jurídica pudiere ofrecer al beneficiario dudas razonables sobre su incidencia en la conservación del subsidio de desempleo y consiguiente obligación de ponerlo en conocimiento del SPEE, que de alguna forma pudiere disculpar el hecho de no haber notificado esa circunstancia.

Tampoco en el caso de unos rendimientos económicos de tan escasa cuantía que la falta de comunicación pudiere considerarse irrelevante en aplicación del principio de insignificancia que esta Sala ha considerado en alguna puntual ocasión (SSTS 27-

4-2015, rcud. 1881/2014; 14-5-2015, rcud. 1588/2014), en razón de la exigua cuantía económica (...)», acorde además con la doctrina del TC que cita.

Según la LISOS estamos ante un tipo abierto o en blanco que, para su concreción, requiere del auxilio que proporciona la regulación sustantiva de índole prestacional; y que la conducta objeto de sanción se centra en el verbo no comunicar y como tal resulta clara la tipificación de una conducta de omisión, consistente en no cumplimentar una obligación de declaración ante el SPEE.

Ahora bien, seguidamente el precepto exige enmarcar su objeto, es decir, fijar los términos temporales y constitutivos de esa responsabilidad, analizar la concurrencia o no de una situación determinante de la suspensión o extinción, o si el beneficiario ha dejado de ostentar algún requisito imprescindible para tener derecho al percibo de la prestación.

Concluye señalando que no se trata de dar noticia sin más de una adquisición por vía hereditaria al tiempo en que acaezca. El simple hecho de aceptación de la herencia no apareja irremediablemente la baja en la prestación del subsidio ni, por ende, la automaticidad en la obligación de comunicar aquélla. «El deber nacerá cuando la entidad o sustancia de la adjudicación resulte determinante de la suspensión o, en su caso, de la extinción, o si conlleva que el heredero deje de reunir uno de los requisitos legalmente configurados para el percibo o mantenimiento del subsidio».

STS, rec. 1624/2019, de 1 de junio de 2022, ECLI:ES:TS:2022:2279

Se plantea la cuestión de determinar cuál ha de ser el valor imputable a los bienes y derechos adquiridos por herencia, a los efectos de calcular el límite legal de ingresos que condiciona la concurrencia del requisito de carencia de rentas a efectos de la percepción del subsidio de desempleo; y en concreto, si debe estarse al valor patrimonial que tales bienes tengan, o al de los rendimientos que generan una vez ingresados en el patrimonio del beneficiario, y en este caso, a las normas para calcular el rendimiento presunto cuando no consta el real, y finalmente decidir si es ajustada a derecho la resolución del SPEE que extingue por este motivo el subsidio de desempleo; la Sala concluye que no ha de computarse su valor patrimonial, sino el de los rendimientos que generan; y que de no constar el rendimiento real, ha de estarse al rendimiento presunto resultante de aplicar al 100 por ciento de su valor el interés legal del dinero.

Caso práctico | ¿Cálculo del derecho a subsidio por desempleo con responsabilidades familiares?

PLANTEAMIENTO

Una persona ha acumulado a lo largo del año retribuciones dinerarias y en especie que ascienden 23.775,85 euros.

Su unidad familiar la componen cuatro miembros. A lo hora de solicitar el subsidio por desempleo:

¿El cómputo de las rentas se efectuará por su rendimiento bruto o neto?

¿Supera el 75 % del SMI en 2024 a efectos de lucrar el subsidio?

RESPUESTA

Para cumplir con el requisito de carencia de rentas establecido para acceder al subsidio por desempleo, las rentas del solicitante no deben superar el 75 % del SMI en el mes anterior a la solicitud, prórrogas o reanudaciones del subsidio, excluyendo la parte proporcional de dos pagas extraordinarias.

Con las modificaciones operadas por el RDL 2/2024, existirán responsabilidades familiares cuando el total de rentas de la unidad familiar entre el número de personas que la forman, incluido el solicitante, no supere el 75 % del salario mínimo interprofesional.

Los arts. 275.2, 4, 5 y 7 de la LGSS, por su parte, establecen:

> «2. Se entenderá cumplido el requisito de responsabilidades familiares en la fecha de la solicitud del alta inicial o de las prórrogas o reanudaciones del subsidio cuando la suma de las rentas obtenidas durante el mes natural anterior a dichas fechas por el conjunto de la unidad familiar, incluida la persona solicitante o beneficiaria, dividida entre el número de miembros que la componen, no supere el 75 por ciento del salario mínimo interprofesional, excluida la parte proporcional de dos pagas extraordinarias.
> (...)
> 4. Se considerarán como rentas o ingresos computables cualesquiera bienes, derechos o rendimientos derivados del trabajo, del capital mobiliario o inmobiliario, de las actividades económicas y los de naturaleza prestacional contributiva o no contributiva, públicas o privadas. También se considerarán rentas las pensiones alimenticias y las compensatorias, acordadas en caso de separación, divorcio, nulidad matrimonial o en procesos de adopción de medidas paternofiliales cuando no exista convivencia entre los progenitores.
> Además, son rentas los incrementos patrimoniales derivados de actos inter vivos o mortis causa, las plusvalías o ganancias patrimoniales, así como los rendimientos que puedan deducirse del montante económico del patrimonio, aplicando a su valor el 100 por ciento del tipo de interés legal del dinero vigente, con la excepción de la vivienda habitualmente ocupada por el trabajador y de los bienes cuyas rentas hayan sido computadas, todo ello en los términos que se establezcan reglamentariamente.

Las rentas se computarán por su rendimiento íntegro o bruto. El rendimiento que procede de las actividades empresariales, profesionales, agrícolas, ganaderas o artísticas, se computará por la diferencia entre los ingresos y los gastos necesarios para su obtención.

5. No se consideran rentas o ingresos computables:

a) El importe de las cuotas destinadas a la financiación del convenio especial con la Administración de la Seguridad Social percibidas por la persona solicitante o beneficiaria.

b) El importe correspondiente a la indemnización legal prevista en el texto refundido de la Ley del Estatuto de los Trabajadores para cada uno de los supuestos de extinción del contrato de trabajo, con independencia de que su pago sea único o periódico. En todo caso, a los efectos previstos en este artículo, se computará como renta el exceso que sobre dicha cantidad pueda haberse pactado.

c) El importe de las percepciones económicas obtenidas por asistencia a acciones de formación profesional o en el trabajo o para realizar prácticas académicas externas que formen parte del plan de estudios, obtenidas por la persona solicitante o beneficiaria o por cualquier otro miembro de la unidad familiar.

d) A efectos de reanudaciones y prórrogas del subsidio, las rentas derivadas del trabajo por cuenta ajena a tiempo completo o a tiempo parcial devengadas por la persona beneficiaria, durante el periodo de percepción del complemento de apoyo al empleo.

e) Las rentas del trabajo y las prestaciones públicas percibidas por la persona solicitante que no se mantengan en la fecha de la solicitud.

(…)

7. Los requisitos de carencia de rentas y, en su caso, de existencia de responsabilidades familiares deberán concurrir en la fecha de la solicitud del subsidio, así como en la fecha de la solicitud de sus prórrogas o reanudaciones».

El art. 7.1.a) del Real Decreto 625/1985, de 2 de abril, dispone que «Para determinar el requisito de carencia de rentas, o, en su caso de responsabilidades familiares, a que se refiere el artículo 215 del texto refundido de la Ley General de la Seguridad Social, aprobado por el Real Decreto Legislativo 1/1994, de 20 de junio (actual 275 de la LGSS/2015)» (…) «Las rentas se computarán por su rendimiento íntegro o bruto. El rendimiento que procede de actividades empresariales, profesionales, agrícolas, ganaderas o artísticas, se computarán por la diferencia entre los ingresos y los gastos necesarios para su obtención. Las ganancias patrimoniales se computarán por la diferencia entre las ganancias y las pérdidas patrimoniales».

Finalmente, el art. 2.2. del TR de la LIRPF preceptúa que «El impuesto gravará la capacidad económica del contribuyente, entendida ésta como su renta disponible, que será el resultado de disminuir la renta en la cuantía del mínimo personal y familiar».

En base a los datos expuestos:

- **75 % del salario mínimo interprofesional**

  El 75 % del salario mínimo interprofesional computado en 12 mensualidades, excluyendo la parte proporcional de las pagas extraordinarias, para el año 2024 es de 850,50 euros. [1.134 x 75 %].

- Cálculos en el caso:

  Las rentas deben computarse por su rendimiento bruto y no neto. El rendimiento que procede de las actividades empresariales, profesionales, agrícolas, ganaderas o artísticas, se computará por la diferencia entre los ingresos y los gastos necesarios para su obtención.

En el presente caso, atendiendo a los datos expuestos, deben ser computados los ingresos derivados de rendimientos en su importe bruto, sumadas las retribuciones dinerarias y las retribuciones en especie, que ascienden a la suma de 23.775,85 euros, que divididos entre los cuatro miembros de la unidad familiar y a su vez, entre doce meses arrojan una cuantía mensual de 491,33 euros, cantidad que es inferior al 75 % del SMI para 2024 que asciende a 850,50 euros mensuales.

Caso práctico | ¿Me puedo jubilar tras cobrar un subsidio para mayores de 52 años?

PLANTEAMIENTO

Soy perceptor del subsidio por desempleo de mayores de 52 años y jubilación:

1. ¿Me puedo jubilar al cumplir la edad ordinaria de jubilación?
2. ¿Puedo jubilarme de manera anticipada?

RESPUESTA

1. ¿Me puedo jubilar al cumplir la edad ordinaria de jubilación?

Este subsidio, uno de los más relacionados con la jubilación, se extinguirá por las causas previstas en el art. 272 de la LGSS, donde se encuentra como motivo para su extinción el cumplimiento, por parte del titular del derecho de la edad ordinaria de jubilación.

Durante esta prestación el SPEE ha cotizado para la prestación de jubilación (por el 125 % de la base de cotización mínima vigente en cada momento) y el beneficiario se encuentra en situación de alta en la Seguridad Social, por lo que se cumplen los principales requisitos para jubilarse.

De esta forma, cuando el trabajador perciba el subsidio por desempleo de mayores de 52 años y alcance la edad ordinaria que le permita acceder a la pensión contributiva de jubilación, los efectos económicos de la citada pensión se retrotraerán a la fecha de efectos de la extinción del subsidio por alcanzar dicha edad. Para ello será necesario que la solicitud de la jubilación se produzca en el plazo de los tres meses siguientes a la resolución firme de extinción. En otro caso, tendrá una retroactividad máxima de tres meses desde la solicitud.

> **JURISPRUDENCIA**
>
> **STS, re. 5291/2003, de 14 de diciembre de 2004, ECLI:ES:TS:2004:8075**
>
> Se analiza el criterio de proporcionalidad tanto en los supuestos de descubiertos de cotización temporales como en los que traen causa en cotización inferior a la debida para el subsidio por desempleo para mayores de 52 años.

2. ¿Puedo jubilarme de manera anticipada?

Los perceptores del subsidio por desempleo de mayores de 52 años también podrán acceder a la jubilación anticipada siempre que cumplan los requisitos necesarios para la modalidad correspondiente. A modo de resumen (*Pensión de jubilación. Paso a paso*. Colex. 2023):

a) Jubilación anticipada por causa no imputable al trabajador (cese no voluntario en el trabajo)

El acceso a la jubilación anticipada derivada del cese en el trabajo por causa no imputable a la libre voluntad del trabajador exigirá los siguientes requisitos (art. 207 de la LGSS):

- Tener cumplida una edad que sea inferior en cuatro años, como máximo, a la edad que en cada caso resulte de aplicación para la jubilación ordinaria [art. 205.1. a) de la LGSS] sin que a estos efectos resulten de aplicación los coeficientes reductores a que se refiere el artículo 206 y artículo 206 bis de la LGSS.

- Encontrarse inscrito en las oficinas de empleo como demandante de empleo durante un plazo de, al menos, seis meses inmediatamente anteriores a la fecha de la solicitud de la jubilación.

b) Jubilación anticipada por voluntad del interesado

El acceso a la jubilación anticipada por voluntad del interesado exigirá los siguientes requisitos:

a) Tener cumplida una edad que sea inferior en dos años, como máximo, a la edad que en cada caso resulte de aplicación [art. 205.1. a) de la LGSS], sin que, a estos efectos, resulten de aplicación los coeficientes reductores a que se refieren los artículos 206 y 206 bis de la LGSS.

b) Acreditar un período mínimo de cotización efectiva de treinta y cinco años, sin que, a tales efectos, se tenga en cuenta la parte proporcional por pagas extraordinarias. A estos exclusivos efectos, solo se computará el período de prestación del servicio militar obligatorio o de la prestación social sustitutoria, o del servicio social femenino obligatorio, con el límite máximo de un año.

c) Una vez acreditados los requisitos generales y específicos de dicha modalidad de jubilación, el importe de la pensión a percibir ha de resultar superior a la cuantía de la pensión mínima que correspondería al interesado por su situación familiar al cumplimiento de los sesenta y cinco años de edad. En caso contrario, no se podrá acceder a esta fórmula de jubilación anticipada.

En caso de acceder a este tipo de jubilación anticipada, la pensión será objeto de reducción mediante la aplicación, por cada mes o fracción de mes que, en el momento del hecho causante, le falte al trabajador para cumplir la edad legal de jubilación fijada en el artículo 205.1.a), de los coeficientes que resultan del siguiente cuadro en función del período de cotización acreditado y los meses de anticipación. (Consultar tablas en el artículo 208 de la LGSS).

> **A TENER EN CUENTA.** A los exclusivos efectos de determinar dicha edad legal de jubilación, se considerará como tal la que le hubiera correspondido al trabajador de haber seguido cotizando durante el plazo comprendido entre la fecha del hecho causante y el cumplimiento de la edad legal de jubilación que en cada caso resulte de la aplicación de lo establecido en el art. 205.1.a) de la LGSS.

Para el cómputo de los períodos de cotización se tomarán períodos completos, sin que se equipare a un período la fracción del mismo.

Caso práctico | ¿Cómo se realizará la transición desde la extinción del subsidio por desempleo al Ingreso Mínimo Vital?

PLANTEAMIENTO

Entre la batería de modificaciones realizadas sobre la prestación no contributiva de desempleo, el Real Decreto-ley 2/2024, de 21 de mayo facilita la transición del subsidio por desempleo al Ingreso Mínimo Vital (IMV).

¿Cómo se realizará la transición desde la extinción del subsidio por desempleo al Ingreso Mínimo Vital?

RESPUESTA

Se establece un procedimiento que regula el tránsito del subsidio asistencial por desempleo al Ingreso Mínimo Vital a través de la colaboración entre la entidad gestora del subsidio por desempleo y la del IMV. De esta forma:

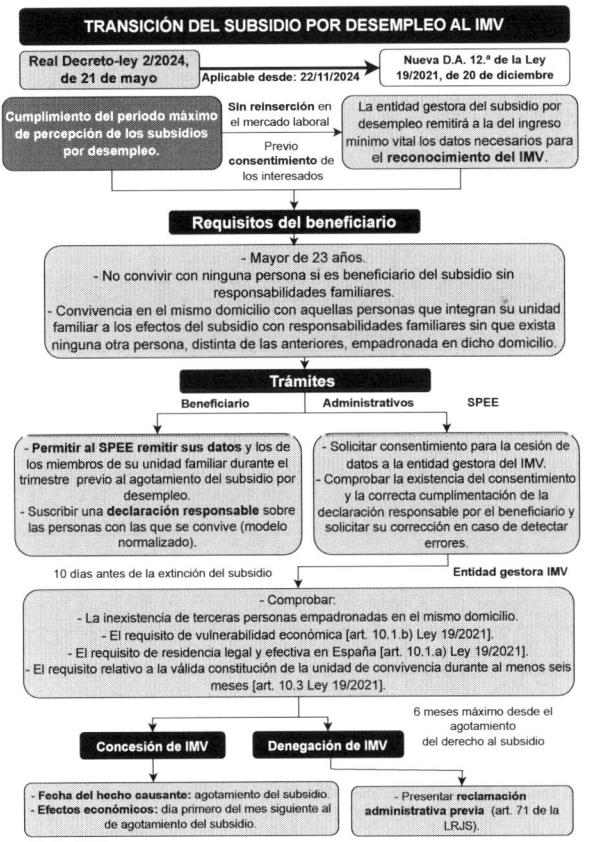

Caso práctico | ¿Un premio de lotería afecta al cómputo de rentas a efectos del subsidio de desempleo?

PLANTEAMIENTO

Una persona accede al subsidio por desempleo acreditando unos ingresos mensuales de 550 euros.

Cuando ya es perceptor del subsidio por desempleo es premiado en la lotería con 6.000 euros.

- ¿Afecta al subsidio de desempleo el premio obtenido en la lotería?

RESPUESTA

Según la doctrina, las rentas percibidas en un pago único, en este caso por un premio de lotería, se tendrán en cuenta durante el mes en que se hayan percibido, de modo que, **en caso de que su importe total supere el límite legal supondrán la suspensión del subsidio por desempleo durante un único mes.**

El incremento del patrimonio de un perceptor de subsidio/prestación desempleo, por motivo del premio de 6.000 euros obtenido en la lotería, es una ganancia irregular (y no de renta), por lo que:

- Debe comunicarse al SPEE en el momento en que se recibe el premio.
- A partir de que se produce el ingreso en el patrimonio del perceptor del subsidio, de superar el límite legal para percibir la prestación, ese mes dejará de percibirse.
- El mes siguiente al ingreso del premio, de cumplir los requisitos exigidos de carencia de rentas, el SPEE volverá a conceder la prestación, teniendo en cuenta los rendimientos que se obtendrán por las cantidades del premio, pero no los 6.000 euros del premio.

El art. 275 de la LGSS, especifica que se entenderá cumplido el requisito de carencia de rentas exigido para ser beneficiario del subsidio por desempleo cuando: «(...) en la fecha de la solicitud del alta inicial o de las prórrogas o reanudaciones del subsidio cuando las rentas de cualquier naturaleza de la persona solicitante o beneficiaria durante el mes natural anterior a dichas fechas no superen el 75 por ciento del salario mínimo interprofesional, excluida la parte proporcional de dos pagas extraordinarias».

En relación a la expresión utilizada por la norma cuando se refiere a la «carencia de rentas de cualquier naturaleza» para condicionar la concesión del subsidio, o para conservar el derecho a su disfrute, puede consultarse la **STS, rec. 2387/2013, 16 de julio de 2014, ECLI:ES:TS:2014:3504**, y **STS, rec. 3321/2011, 28 de septiembre de 2012, ECLI:ES:TS:2012:6790**.

En 2024 el tope de rentas es de 850,50 euros al mes (75 % del SMI 2024 [1.134 euros al mes, sin pagas extra].

Para establecer la cuantía mensual de las rentas ha de atenderse a lo dispuesto en el art. 7.1.c) del Real Decreto 625/1985 de 2 de abril. En este caso, dado que las rentas se obtienen en un pago único, se computarán las obtenidas en el mes anterior al hecho causante del subsidio, o al de su solicitud, computados de fecha a fecha, o durante su percepción, prorrateando su importe entre 12 meses.

En el ejemplo:

> - Persona con una renta mensual de 550 euros al mes teniendo en cuenta los ingresos de su unidad familiar.
> - Se le concede subsidio por desempleo al no alcanzar en 2024 la renta de 850,50 euros al mes.
> - Le tocan 6.000 € en la lotería lo que supone que ese mes supera los 850,50 euros mes y no tiene derecho a subsidio.
> - Al mes siguiente el SPEE recalcula la prestación tomando como referencia los rendimientos del premio.
> - Simplificando cálculos, suponiendo que le dan un 3 % anual (6.000 x 3 %) supondría 180 euros anuales, que se repartirán en los 12 meses. Lo que a efectos del cómputo de rentas supondrán 15 euros mensuales.
> - 550 €/mes + 15 €/mes de intereses del premio = 565 euros al mes.
> - Dado que sus ingresos están por debajo de los 850,50 euros al mes procedería el mantenimiento del subsidio.

Caso Práctico | ¿Computa la pensión de alimentos como rentas a efectos de lucrar un subsidio por desempleo?

PLANTEAMIENTO

Una persona que ha sido despedida sin lucrar prestación contributiva por desempleo, pretende solicitar el subsidio por insuficiencia de cotización.

Sus ingresos y los de su actual pareja computables para la existencia de carencia de rentas a efectos de la prestación son 740 euros mensuales. No obstante, tiene a su cargo una niña menor de 26 años a la que su excónyuge pasa una pensión de alimentos de 400 euros mensuales.

- 1. La pensión de alimentos, ¿debe considerarse como ingresos de la solicitante? ¿forma parte de la renta del conjunto de la unidad familiar que no puede exceder el 75 % del SMI?

- 2. En el supuesto de que el excónyuge dejase de pagar la pensión de alimentos, ¿se cumpliría el requisito de carencia de rentas?

RESPUESTA

1. La pensión de alimentos, ¿debe considerarse como ingresos de la solicitante? ¿forma parte de la renta del conjunto de la unidad familiar que no puede exceder el 75 % del SMI?

Los efectos de las responsabilidades familiares para ser beneficiario del subsidio por desempleo se desarrollan en el art. 275 de la LGSS. A los efectos del supuesto, la pensión de alimentos debe considerarse como ingresos de la hija a cargo de la solicitante, y como tales se incorporan a la renta del conjunto de la unidad familiar. (STS, rec. 3192/2002, de 25 de junio de 2003, ECLI:ES:TS:2003:4438).

Dado que la renta del conjunto de su unidad familiar (740 + 400 = 1.140 euros al mes) dividida por los tres miembros que la integran (la solicitante, su hijo y su nueva pareja) arroja un importe superior al 75 por ciento del salario mínimo interprofesional vigente en el momento de la solicitud del subsidio de desempleo, excluida la parte proporcional de las pagas extraordinarias (1.134 x 75 %: 850,05 euros al mes), no procede la prestación interesada.

Debemos entender que el hijo del beneficiario depende económicamente de él y por lo tanto procede la percepción del subsidio por desempleo.

En relación con la consideración de unidad familiar, la norma exige convivencia. En concreto, el art. 275.2 de la LGSS establece:

> «A los efectos previstos en este artículo se entenderá por **unidad familiar** la compuesta por la persona solicitante o beneficiaria, su cónyuge o pareja de hecho y los hijos e hijas menores de veintiséis años, o mayores con disca-

pacidad, o menores acogidos y acogidas o en guarda con fines de adopción o acogimiento, **que convivan o dependan económicamente de la persona solicitante o beneficiaria.**

Se considerará pareja de hecho la constituida con análoga relación de afectividad a la conyugal por quienes, no hallándose impedidos para contraer matrimonio, no tengan vínculo matrimonial, ni constituida pareja de hecho con otra persona y acrediten mediante certificación de la inscripción en alguno de los registros específicos existentes en las Comunidades Autónomas o Ayuntamientos del lugar de residencia, en su caso, o documento público en el que conste la constitución de dicha pareja. Tanto la mencionada inscripción como la formalización del correspondiente documento público deberán haberse producido con una antelación mínima de dos años con respecto a la fecha de la solicitud del subsidio. No se exigirá el requisito de inscripción en un registro de parejas de hecho, ni constitución de dicha pareja en documento público, en el caso de que se tengan hijos o hijas comunes».

Teniendo en cuenta todos los requisitos establecidos, para ser perceptor del subsidio por desempleo será necesario:

- Existencia de hijos menores de veintiséis años o mayores incapacitados.

- Que los hijos a cargo no superen mensualmente el 75 % del SMI (excluida parte proporcional pagas extras). Para el año 2024: 1.134 x 75 %: 850,05 euros al mes.

- La suma de todos los ingresos dividida entre el número de miembros que componen la unidad familiar, no pueden superar el 75 % del SMI.

2. En el supuesto de que el excónyuge dejase de pagar la pensión de alimentos, ¿se cumpliría el requisito de carencia de rentas?

En el supuesto de impago, siempre que esté acreditado por pronunciamiento judicial, el importe de la pensión de alimentos no se considerará renta de la hija y, por lo tanto, procedería el devengo del subsidio.

La jurisprudencia ha venido matizando el concepto de rentas computables en las prestaciones no contributivas y señalando, en orden a los ingresos que, como las pensiones compensatorias o de alimentos, el beneficiario debía percibir y no ha percibido al momento de reconocimiento del derecho prestaciones del sistema de Seguridad Social, diciendo que esa falta de ingreso debe valorarse atendiendo a la conducta del beneficiario en orden a recabar su abono. Así, la STS, rec. 2476/2002, de 25 de septiembre del 2003, ECLI:ES:TS:2003:5723. ha dicho: «(...) Es de resaltar que el último de los preceptos se refiere concretamente a bienes o derechos 'de que dispongan' los beneficiarios o la unidad económica de convivencia, lo que equivale a valerse de una cosa o tenerla o utilizarla como suya, y eso es coherente con la regulación general de las pensiones no contributivas, cuyo acceso y mantenimiento pende del estado de necesidad del beneficiario, excluyendo la ley de su percepción a quienes tienen un nivel de ingreso suficiente para subsistir, y a quienes, aun siendo acreedores judiciales de una determinada suma de dinero, no la han percibido al no desplegar la diligencia necesaria para conseguirla».

Caso práctico | ¿Existe derecho al subsidio por desempleo tras sanción con extinción de la prestación contributiva por salida al extranjero sin comunicación?

PLANTEAMIENTO

Una persona ha sido sancionada con la extinción de la prestación por desempleo por imposición de sanción (no comunicación ni autorización de la salida del territorio nacional por un periodo superior a quince días).

La resolución del SPEE que extingue la prestación por desempleo contiene la siguiente expresión: «(...) no pudiendo acceder a ninguna prestación o subsidio que pudiera corresponder por el agotamiento del derecho extinguido».

Entendemos que esto constituye una sanción distinta sin previsión en la LISOS.

- Una persona a la que se le extingue la prestación por desempleo ante una salida superior a la permitida al extranjero, ¿tiene derecho al subsidio por desempleo o no procedería al haberse extinguido la prestación contributiva por sanción?

RESPUESTA

La suspensión y extinción del subsidio no contributivo por desempleo se regula en el art. 279 de la LGSS.

Debe ser en el momento de solicitar el subsidio cuando se examine si la petición cumple con los requisitos legalmente establecidos. En este caso entendemos que podría ser denegado al no haber sido agotada la prestación por desempleo contributiva [art. 274.1 a) y b) de la LGSS].

La **STS, rec. 214/1999, de 24 de enero de 2000, ECLI:ES:TS:2000:339**, precisa que no se adquiere el derecho a ser beneficiario de la prestación asistencial si, a causa de sanción, no se agotó la contributiva. La expresión que el SPEE añade a su resolución extintiva de la prestación se relaciona con el art. 274.1 a) y b) de la LGSS, que, entre otros requisitos, exige para ser beneficiario del subsidio por desempleo «haber agotado la prestación por desempleo».

No obstante, como matiza la más reciente STS n.º 293/2024, de 14 de febrero del 2024, ECLI:ES:TS:2024:905, «(...) una cosa (es) agotar la prestación (por llegarse a su duración máxima) y otra, distinta, sancionar con la extinción de dicha prestación (antes de agotar la duración que podría haber tenido), no deja de exigir que, de conformidad con el principio de legalidad en materia sancionadora, la sanción deba limitarse escrupulosamente a lo que legalmente esté previsto, sin que pueda contener expresiones o añadidos que la legislación no contempla como integrantes de la sanción».

Caso práctico | Subsidio mayores de 52 años en el Régimen Especial de Empleados de Hogar

PLANTEAMIENTO

Tengo un caso de un cliente que cumple todos los requisitos para acceder al subsidio para mayores de 52 años según el art. 280 de la LGSS, pero en el Régimen Especial de Empleados de Hogar (REEH). El artículo citado no hace referencia a la necesidad de alta en el Régimen General de la Seguridad Social.

¿Puede acceder al subsidio para mayores de 52 años tras cese de cotización en el REEH?

RESPUESTA

Si la persona trabajadora acredita cotizaciones suficientes por la contingencia de desempleo, y cumple el resto de requisitos establecidos, podrá acceder al subsidio por desempleo desde el Sistema Especial para Empleados de Hogar.

Entre otros requisitos exigidos para ser beneficiarios del subsidio por desempleo para mayores de 52 años el art. 280 de la LGSS, establece:

> «1. Podrán acceder al subsidio para mayores de cincuenta y dos años los trabajadores que, en la fecha en que se encuentren en el supuesto previsto en el artículo 274.1 tengan cumplida dicha edad y además en la fecha del hecho causante del subsidio establecido en el artículo 276.1, acrediten todos los requisitos, salvo la edad, para acceder a cualquier tipo de pensión contributiva de jubilación en el sistema de la Seguridad Social, hayan cotizado efectivamente en España por desempleo durante al menos seis años a lo largo de su vida laboral, sin que a estos efectos resulte de aplicación el artículo 235, y cumplan los requisitos establecidos en el apartado 2».

Atendiendo a la norma **ha de haberse cotizado por desempleo al menos durante seis años a lo largo de su vida laboral** y acreditar que, en el momento de la solicitud, reúnen todos los requisitos, salvo la edad, para acceder a cualquier tipo de pensión contributiva de jubilación en el sistema de la Seguridad Social.

En el **Régimen Especial de Empleados de Hogar**, debemos tener en cuenta:

- Las personas trabajadoras fueron incluidas en la protección para la prestación por desempleo **a partir del 1 de octubre de 2022** (Real Decreto-ley 16/2022, de 6 de septiembre).
- Supondrá **situación legal de desempleo** la extinción por causa justificada contemplada en el nuevo art. 11.2 del Real Decreto 1620/2011, de 14 de noviembre.

Caso práctico | Influencia del cobro de la prestación por desempleo sobre la futura jubilación

PLANTEAMIENTO

Influencia del cobro de la prestación por desempleo sobre la futura jubilación.

- Mientras un desempleado cobra paro, ¿sigue cotizando para la jubilación? ¿Cuál es la base de cotización?

- ¿Qué sucede en caso de cobrar prestación no contributiva?

RESPUESTA

Mientras se cobra la prestación contributiva por desempleo se cotiza para la jubilación con una base de cotización igual o parecida a la que se poseía durante la prestación de servicios.

Tanto el SPEE como la persona trabajadora, cotizan a la Seguridad Social por la base de cotizaciones que tuvo el trabajador durante los últimos 180 días antes de cesar en el trabajo. Durante el tiempo que se percibe el paro:

- El SPEE paga: la cuota del empresario (23,60 por 100 de la base de cotización).

- Al desempleado se le descuenta de la prestación el 100 por 100 de la cuota que habitualmente pagan los trabajadores en activo (4,70 por 100 de la base). (Art. 273 de la LGSS).

La mayor parte de los subsidios por desempleo no cotiza para jubilación, únicamente cotiza (art. 280 de la LGSS) el subsidio para mayores de 52 años:

> «9. La entidad gestora cotizará por la contingencia de jubilación durante la percepción del subsidio por desempleo para trabajadores mayores de cincuenta y dos años.
>
> Las cotizaciones efectuadas conforme a lo previsto en el párrafo anterior tendrán efecto para el cálculo de la base reguladora de la pensión de jubilación y porcentaje aplicable a aquella en cualquiera de sus modalidades, así como para completar el tiempo necesario para el acceso a la jubilación anticipada. En ningún caso dichas cotizaciones tendrán validez y eficacia jurídica para acreditar el período mínimo de cotización exigido en el artículo 205.1.b), que, de conformidad con lo dispuesto en el apartado 1, ha debido quedar acreditado en la fecha de solicitud del subsidio regulado en este artículo.
>
> A efectos de determinar la cotización se tomará como base de cotización el 125 por cien de la base mínima de cotización en el Régimen General de la Seguridad Social, vigente en cada momento.
>
> En caso de percibir el complemento de apoyo al empleo, la base por la que deberá cotizarse se reducirá en proporción a la jornada trabajada.
>
> El Gobierno podrá extender a otros colectivos de trabajadores lo dispuesto en este apartado».

Caso práctico | ¿La salida al extranjero puede causar la suspensión y extinción del subsidio por desempleo?

PLANTEAMIENTO

La salida al extranjero por parte de un beneficiario del subsidio por desempleo:

- 1. ¿Puede causar la suspensión del derecho al subsidio?
- 2. ¿Puede causar la extinción del derecho al subsidio?

RESPUESTA

1. ¿Puede causar la suspensión del derecho al subsidio?

Este motivo de suspensión se regula para la prestación contributiva por desempleo (art. 271 de la LGSS) y, con carácter general, es aplicable a los subsidios según el art. 279 de la LGSS.

El **art. 271 de la LGSS**, establece en su apartado primero las situaciones en las cuales se suspenderá este derecho. De todas ellas cabe resaltar, a efectos de la salida del territorio español, los subapartados f) y g):

> «f) En los supuestos de **traslado de residencia al extranjero** en los que el beneficiario declare que es **para la búsqueda o realización de trabajo, perfeccionamiento profesional o cooperación internacional**, por un período continuado **inferior a doce meses**, siempre que la salida al extranjero esté **previamente comunicada y autorizada** por la entidad gestora, sin perjuicio de la aplicación de lo previsto sobre la exportación de las prestaciones en las normas de la Unión Europea.
>
> g) En los supuestos de **estancia en el extranjero** por un período, continuado o no, de **hasta noventa días naturales como máximo durante cada año natural**, siempre que la salida al extranjero esté **previamente comunicada y autorizada** por la entidad gestora.
>
> No tendrá consideración de estancia ni de traslado de residencia la salida al extranjero **por tiempo no superior a treinta días naturales por una sola vez cada año** [con anterioridad al 23/05/2024, quince días], sin perjuicio del cumplimiento de las obligaciones de los trabajadores, solicitantes y beneficiarios de prestaciones por desempleo establecidas en el artículo 299».

La **estancia en el extranjero comunicada, autorizada y dentro del plazo establecido** supondrá la suspensión del derecho a la prestación, la interrupción del abono de la misma y no afectará al período de su percepción. No obstante, la entidad gestora suspenderá el abono de las prestaciones durante el periodo que corresponda por **imposición de sanción por infracciones leves y graves en los términos establecidos en el texto refundido de la Ley sobre Infracciones y Sanciones en el Orden Social**, en este caso —como podría ser la estancia en el extranjero sin previa comunicación y autorización por la entidad gestora—, el período de percepción de la prestación se reducirá por tiempo igual al de la sanción impuesta.

A TENER EN CUENTA. La sanción administrativa por incurrir en una infracción por parte de un beneficiario de prestaciones del sistema de seguridad social consistente en el incumplimiento del deber de comunicar al SPEE la salida del territorio español se integra en el tipo contemplado en el art. 25.3 de la LISOS y la sanción prevista en el art. 47.1.b) del citado texto (STS n.º 77/2024, de 19 de enero de 2024, ECLI:ES:TS:2024:308) conforme a la siguiente escala:

- 1.ª Infracción. Pérdida de 3 meses de prestaciones.

- 2.ª Infracción. Pérdida de 6 meses de prestaciones.

- 3.ª Infracción. Extinción de prestaciones.

Posteriormente, en el apartado 3 del artículo 271 de la LGSS se establece **cuándo se reanudará la prestación por desempleo en caso de suspensión**. En lo que aquí interesa:

- **De oficio por la entidad gestora**, una vez terminada la sanción impuesta al extranjero, siempre que el período de derecho no se encuentre agotado y el trabajador figure inscrito como demandante de empleo.

- **Previa solicitud del interesado**, siempre que se acredite que ha finalizado la causa de suspensión, que, en su caso, esa causa constituye situación legal de desempleo o inscripción como demandante de empleo en el caso de los trabajadores por cuenta propia.

RESOLUCIONES RELEVANTES

Sentencia del Tribunal Supremo n.º 76/2017, de 31 de enero, ECLI:ES:TS:2017:656

Esta resolución versa sobre un trabajador que presta servicios en una empresa, carente de autorización de residencia y de autorización para trabajar en España. Posteriormente y sin solución de continuidad, regulariza su situación en la misma empresa, pretendiendo que se tenga como computable el período trabajado en situación irregular. La sala determina que ese trabajo no es computable, conforme a la normativa vigente y la reiterada doctrina del tribunal.

Sentencia del Tribunal Superior de Justicia de Extremadura n.º 552/2014, de 6 de noviembre, ECLI:ES:TSJEXT:2014:1888

El trabajador interpone recurso de suplicación contra la sentencia desestimatoria de su demanda en la que pretende que se deje sin efecto la extinción de las prestaciones por desempleo y el reintegro de las percibidas impuesto por la entidad gestora con motivo de que el demandante permaneció en el extranjero durante poco más de dos meses para adoptar una niña sin que lo comunicara al demandado.

Entiende la Sala del TSJ de Extremadura que, efectivamente, el tiempo de desplazamiento del trabajador al extranjero es inferior a 90 días, lo cual encaja dentro de los supuestos de suspensión de la prestación, no de extinción. Por este motivo se estima el recurso interpuesto y no deberá el trabajador reintegrar las cantidades percibidas por el derecho a la prestación por desempleo.

2. ¿Puede causar la extinción del derecho al subsidio?

Dentro de todos los motivos por los que se extinguirá el derecho a la percepción de la prestación por desempleo regulados en el art. 272 de la LGSS, la letra f) de ese artículo concreta la extinción por el traslado de residencia o estancia al extranjero, siempre y cuando se superen los períodos de tiempo que se prevén para los casos

de suspensión de la prestación tratados anteriormente [art. 47.1.b). 4.ª de la LISOS].
Este motivo de extinción se regula para la prestación contributiva por desempleo (art.
271 de la LGSS) pero, con carácter general, es aplicable a los subsidios según el art.
279 de la LGSS.

Tiempo de salida al extranjero cuando se percibe una prestación por desempleo	Requisitos	Suspensión de la prestación	Extinción de la prestación
Salida ocasional durante no más de 30 días naturales: — Continuados o no. — Dentro de cada año natural.	Con la suma de todos los períodos de salida al extranjero dentro del año no se superan los 30 días naturales.	No.	No.
Estancia en el extranjero por un período, continuado o no, superior a 30 días: — De hasta 90 días. Naturales como máximo. — Dentro de cada año natural.	Siempre que se haya comunicado previamente al SPEE y este la autorice. Cumplir todas las condiciones establecidas en el art. 271 de la LGSS. 90 días naturales como máximo.	Sí.	No.
Traslado de residencia al extranjero: — Duración inferior a 12 meses. — Acreditando que el fin de la salida ha sido la búsqueda o realización de un trabajo, cooperación internacional o perfeccionamiento profesional.	Siempre que haya sido previamente autorizada por el SPEE.	Sí.	Si se cumplen requisitos y condiciones anteriores: No. Si no se cumplen requisitos y condiciones anteriores: Sí

ANEXO II.
FORMULARIOS

Modelo de reclamación administrativa previa ante el SPEE solicitando la concesión de subsidio por desempleo tras haber agotado la prestación contributiva y tener responsabilidades familiares

Será requisito necesario para formular demanda que los interesados interpongan reclamación previa ante la Entidad gestora de la prestación.

La reclamación previa deberá interponerse ante el órgano competente que haya dictado resolución sobre la solicitud inicial del interesado, en el plazo de treinta días desde la notificación de la misma, si es expresa, o desde la fecha en que, conforme a la normativa reguladora del procedimiento de que se trate, deba entenderse producido el silencio administrativo.

Tal como establece el art. 274.1 a) de la Ley General de la Seguridad Social (LGSS):

> «Serán beneficiarios del subsidio los desempleados que, cumpliendo los requisitos establecidos en el apartado 2, se encuentren en alguna de las siguientes situaciones:
>
> (...)
>
> a) Haber agotado la prestación por desempleo. En caso de ser menor de cuarenta y cinco años sin responsabilidades familiares se exigirá, además, que la prestación por desempleo agotada haya tenido una duración igual o superior a trescientos sesenta días».

El siguiente modelo permitirá a la persona con responsabilidades familiares que hubiere agotado la prestación contributiva, impugnar ante el SPEE una resolución negativa de la concesión de un subsidio por desempleo haciendo referencia al cumplimiento de las obligaciones establecidas en el art. 274 de la LGSS.

A LA DIRECCIÓN PROVINCIAL DEL SERVICIO PÚBLICO DE EMPLEO ESTATAL DE [PROVINCIA] (1)

D./D.ª [NOMBRE_TRABAJADOR_A], mayor de edad, con DNI n.º [DNI_TRABAJADOR], afiliado a la Seguridad Social n.º [NÚM_SEG_SOCIAL_TRABAJADOR] y domicilio a efectos de notificación en [DOMICILIO_TRABAJADOR], ante esa **DIRECCIÓN PROVINCIAL DEL SERVICIO PÚBLICO DE EMPLEO** de [PROVINCIA] comparezco y

EXPONGO:

Que, con fecha [DÍA] de [MES] de [AÑO], recibo la notificación de la resolución dictada por este organismo el día [DÍA] de [MES] de [AÑO], en expediente n.º [NÚMERO], por la que se me niega el subsidio de desempleo; y estimándola no ajustada a Derecho y lesiva para mis intereses, interpongo **RECLAMACIÓN ADMINISTRATIVA PREVIA** a la vía jurisdiccional social, de conformidad con el artículo 71 de la Ley de Jurisdicción Social y en base a los siguientes

HECHOS

I.- En fecha de [FECHA] **(2)** le fue concedida una prestación contributiva de desempleo por el período de [FECHA] a de [FECHA], sobre una base reguladora de [CANTIDAD] euros día, por tratarse de una situación legal de desempleo en base a [ESPECIFICAR]. **(3)**

II.- Una vez finalizada la indicada prestación solicité en fecha de [FECHA] el subsidio por desempleo al amparo del **apdo. 1.a), art. 274, Real Decreto Legislativo 8/2015, de 30 de octubre, por el que se aprueba el texto refundido de la Ley General de la Seguridad Social, por haber agotado la prestación por desempleo y tener responsabilidades familiares.**

III.- El cobro de la prestación denegada es posible ya que:

– Ha agotado la prestación contributiva por desempleo.

– Se encuentra en situación legal de desempleo sin tener cubierto el periodo mínimo de cotización para tener derecho a la prestación contributiva, habiendo cotizado al menos noventa días.

– No encontrándose en supuesto de incompatibilidad alguno.

– Carecer de rentas propias en los términos establecidos en el artículo 275 de la Ley General de la Seguridad Social.

– **Tiene responsabilidades familiares,** ya que: [ESPECIFICAR] **(4)**

IV.- En [FECHA], me fue notificada la Resolución ahora impugnada negándome el subsidio, aduciendo que: [ESPECIFICAR]. **(5)**

V.- Las causas de denegación son incorrectas ya que [ESPECIFICAR]. **(6)**

VI.- No existiendo una causa legal para la no concesión de dicho subsidio, procede el abono del mismo.

Por lo expuesto,

SOLICITO A ESTA DIRECCIÓN PROVINCIAL DEL SERVICIO PÚBLICO DE EMPLEO:

Que habiendo presentado en tiempo y forma el presente escrito, tenga por interpuesta reclamación previa contra la Resolución de fecha [DIA] de [MES] de [AÑO] y en su virtud, dicte nueva resolución por la que establezca **el derecho al cobro del subsidio de desempleo tras haber agotado la prestación por desempleo y tener responsabilidades familiares,** mientras no concurra una causa legal de extinción del mismo.

En [LUGAR], [DIA] de [MES] de [AÑO]

[FIRMA]

---

(1) La reclamación previa deberá interponerse ante el órgano competente que haya dictado resolución sobre la solicitud inicial del interesado.

(2) La reclamación previa deberá interponerse en el plazo de treinta días desde la notificación de la misma.

(3) Se encontrarán en situación legal de desempleo los trabajadores que estén incluidos en alguno de los siguientes supuestos establecidos en el art. 267 de la LGSS.

(4) Consignar circunstancias.

(5) Consignar según Resolución denegatoria. A modo de ejemplo: «los ingresos de la unidad económica de convivencia superan el tope legal establecido».

(6) Especificar alegaciones según proceda. A modo de ejemplo: «Se entenderá cumplido el requisito de carencia de rentas propias en la fecha de la solicitud del alta inicial o de las prórrogas o reanudaciones del subsidio cuando las rentas de cualquier naturaleza de la persona solicitante o beneficiaria durante el mes natural anterior a dichas fechas no superen el 75 por ciento del salario mínimo interprofesional, excluida la parte proporcional de dos pagas extraordinarias»; «Se entenderá cumplido el requisito de responsabilidades familiares en la fecha de la solicitud del alta inicial o de las prórrogas o reanudaciones del subsidio cuando la suma de las rentas obtenidas durante el mes natural anterior a dichas fechas por el conjunto de la unidad familiar, incluida la persona solicitante o beneficiaria, dividida entre el número de miembros que la componen, no supere el 75 por ciento del salario mínimo interprofesional, excluida la parte proporcional de dos pagas extraordinarias».

Escrito de reclamación previa ante el SPEE frente a la resolución que deniega el subsidio por desempleo tras agotar la prestación contributiva y ser mayor de cuarenta y cinco años [art. 274 b) LGSS]

Tal como dispone el art. 71 de la Ley Reguladora de la Jurisdicción Social, será requisito necesario para formular demanda en materia de prestaciones de Seguridad Social, que los interesados interpongan reclamación previa ante la Entidad gestora de las mismas.

La reclamación previa deberá interponerse ante el órgano competente que haya dictado resolución sobre la solicitud inicial del interesado, en el plazo de treinta días desde la notificación de la misma, si es expresa, o desde la fecha en que, conforme a la normativa reguladora del procedimiento de que se trate, deba entenderse producido el silencio administrativo.

El siguiente formulario permite impugnar ante el SPEE la resolución negativa de la concesión de un subsidio por desempleo haciendo referencia al cumplimiento genérico de las obligaciones establecidas en el art. 274 LGSS y el específico para la modalidad en concreto.

A LA DIRECCIÓN PROVINCIAL DEL SERVICIO PÚBLICO DE EMPLEO ESTATAL DE [PROVINCIA] (1)

D./D.ª [NOMBRE_TRABAJADOR_A], mayor de edad, con DNI n.º [DNI_TRABAJADOR], afiliado a la Seguridad Social n.º [NUM_SEG_SOCIAL_TRABAJADOR] y domicilio a efectos de notificación en [DOMICILIO_TRABAJADOR], ante esa **DIRECCIÓN PROVINCIAL DEL SERVICIO PÚBLICO DE EMPLEO** de [PROVINCIA] comparezco y

EXPONGO

Que, con fecha [DIA] de [MES] de [AÑO], recibo la notificación de la resolución dictada por este organismo el día [DÍA] de [MES] de [AÑO], en expediente n.º [NÚMERO], por la que se me **niega el subsidio de desempleo**; y estimándola no ajustada a Derecho y lesiva para mis intereses, interpongo **RECLAMACIÓN ADMINISTRATIVA PREVIA** a la vía jurisdiccional social, de conformidad con el artículo 71 de la Ley de Jurisdicción Social y en base a los siguientes

HECHOS

I.- En fecha de [FECHA] (2) le fue concedida una prestación contributiva de desempleo por el período de [FECHA] a de [FECHA], sobre una base reguladora de [CANTIDAD] euros día, encontrándose en situación legal de desempleo en base a [ESPECIFICAR]. (3)

II.- Una vez finalizada la indicada prestación solicité en fecha de [FECHA] el subsidio por desempleo al amparo del **apdo. 1.a), art. 274, Real Decreto Legislativo 8/2015, de 30 de octubre, por el que se aprueba el texto refundido de la Ley Gene-**

ral de la Seguridad Social, por haber agotado la prestación por desempleo, carecer de responsabilidades familiares y ser [MAYOR_O_MENOR] de cuarenta y cinco años de edad en la fecha del agotamiento.

III.- El cobro de la prestación denegada es posible ya que:

- Ha agotado la prestación contributiva por desempleo.

- Encontrarse en situación legal de desempleo sin tener cubierto el periodo mínimo de cotización para tener derecho a la prestación contributiva, siempre que hayan cotizado al menos noventa días.

- En la fecha de la solicitud del subsidio no tengo derecho a la prestación contributiva por desempleo.

- No me encuentro en supuesto de incompatibilidad.

- Carezco de rentas en los términos establecidos en el artículo 275 de la Ley General de la Seguridad Social.

Ser [MAYOR_O_MENOR] de cuarenta y cinco años de edad **(4)**

IV.- En [FECHA], me fue notificada la Resolución ahora impugnada negándome el subsidio, aduciendo que: [ESPECIFICAR]. **(5)**

V.- Las causas de denegación son incorrectas ya que [ESPECIFICAR]. **(6)**

VI.- No existiendo una causa legal para la no concesión de dicho subsidio, procede el abono del mismo.

Por lo expuesto,

SOLICITO A ESTA DIRECCIÓN PROVINCIAL DEL SERVICIO PÚBLICO DE EMPLEO:

Que habiendo presentado en tiempo y forma el presente escrito, tenga por interpuesta reclamación previa contra la Resolución de fecha [DIA] de [MES] de [AÑO] y en su virtud, dicte nueva resolución por la que establezca **el derecho al cobro del subsidio de desempleo tras haber agotado la prestación por desempleo y tener responsabilidades familiares**, mientras no concurra una causa legal de extinción del mismo.

En [LUGAR], [DIA] de [MES] de [AÑO]

[FIRMA]

---

(1) La reclamación previa deberá interponerse ante el órgano competente que haya dictado resolución sobre la solicitud inicial del interesado.

(2) La reclamación previa deberá interponerse en el plazo de treinta días desde la notificación de la misma.

(3) Se encontrarán en situación legal de desempleo los trabajadores que estén incluidos en alguno de los siguientes supuestos establecidos en el Art. 26, LGSS.

(4) Serán beneficiarios del subsidio los desempleados que hubiesen agotado la prestación por desempleo. En caso de ser menor de 45 años sin responsabilidades familiares se exigirá, además una duración mínima de la prestación contributiva por desempleo.

(5) Consignar según Resolución denegatoria. A modo de ejemplo: «los ingresos de la unidad económica de convivencia superan el tope legal establecido».

(6) Especificar alegaciones según proceda. A modo de ejemplo: «Se entenderá cumplido el requisito de carencia de rentas propias en la fecha de la solicitud del alta inicial o de las prórrogas o reanudaciones del subsidio cuando las rentas de cualquier naturaleza de la persona solicitante o beneficiaria durante el mes natural anterior a dichas fechas no superen el 75

por ciento del salario mínimo interprofesional, excluida la parte proporcional de dos pagas extraordinarias»; «Se entenderá cumplido el requisito de responsabilidades familiares en la fecha de la solicitud del alta inicial o de las prórrogas o reanudaciones del subsidio cuando la suma de las rentas obtenidas durante el mes natural anterior a dichas fechas por el conjunto de la unidad familiar, incluida la persona solicitante o beneficiaria, dividida entre el número de miembros que la componen, no supere el 75 por ciento del salario mínimo interprofesional, excluida la parte proporcional de dos pagas extraordinarias».

Modelo de reclamación administrativa previa ante el SPEE reclamando la denegación del subsidio por desempleo para emigrante retornado

La D.A. 57.ª de la LGSS y el art. 11 del Real Decreto 625/1985, de 2 de abril, regulan el subsidio por desempleo para emigrantes retornados. El siguiente modelo permitirá a la persona emigrante retornada impugnar ante el SPEE la resolución negativa de la concesión de un subsidio por desempleo, haciendo referencia al cumplimiento de las obligaciones establecidas en la D.A. 57.ª de la LGSS y el art. 11 del Real Decreto 625/1985, de 2 de abril,

A LA DIRECCIÓN PROVINCIAL DEL SERVICIO PÚBLICO DE EMPLEO ESTATAL DE [PROVINCIA] **(1)**

D./D.ª [NOMBRE_TRABAJADOR_A], mayor de edad, con DNI n.º [DNI_TRABAJA-DOR], afiliado a la Seguridad Social n.º [NUM_SEG_SOCIAL_TRABAJADOR] y domicilio a efectos de notificación en [DOMICILIO_TRABAJADOR], ante esa **DIRECCIÓN PROVINCIAL DEL SERVICIO PÚBLICO DE EMPLEO** de [PROVINCIA] comparezco y

EXPONGO

Que, con fecha [DÍA] de [MES] de [AÑO], recibo la notificación de la resolución dictada por este organismo el día [DÍA] de [MES] de [AÑO], en expediente n.º [NÚME-RO], por la que se me niega el acceso al subsidio por desempleo de emigrantes retornados; y estimándola no ajustada a Derecho y lesiva para mis intereses, interpongo **RECLAMACIÓN ADMINISTRATIVA PREVIA** a la vía jurisdiccional social, de conformidad con el artículo 71 de la Ley de Jurisdicción Social y en base a los siguientes

HECHOS

I.- He prestado servicios en la empresa [NOMBRE], ubicada en [PAÍS] ([ESPECIFI-CAR]) **(2)** desde el [FECHA] a [FECHA].

II.- Actualmente estoy desempleado y no tengo derecho a la prestación por desempleo de nivel contributivo.

III.- Estoy inscrito como demandante de empleo y he suscrito el acuerdo de actividad regulado en el artículo 3 de la Ley 3/2023 de 28 de febrero.

IV.- Habiendo retornado de [PAÍS] definitivamente, acredito mediante [ESPECIFI-CAR], adjunto como doc. n.º 1, haber trabajado en [PAÍS] durante [TIEMPO] meses **(3)** desde mi última salida de España el [FECHA].

V.- Solicité en fecha de [FECHA] el subsidio por desempleo al amparo de la **disposición adicional quincuagésima séptima del Real Decreto Legislativo 8/2015, de 30 de octubre, por el que se aprueba el texto refundido de la Ley General de la Seguridad Social**, por ser trabajador español emigrante que habiendo retornado de países no pertenecientes al Espacio Económico Europeo (o con los que no exista convenio sobre protección por desempleo), acreditando haber trabajado como mínimo doce meses en los últimos seis años en dichos países desde su última salida de España, y no teniendo derecho a la prestación por desempleo.

VI.- En [FECHA] **(4)**, me fue notificada la Resolución ahora impugnada negándome el subsidio, aduciendo que: [ESPECIFICAR]. **(5)**

VII.- El cobro de la prestación denegada es posible ya que:

– Estoy desempleado e inscrito como demandante de empleo al menos durante un mes desde que se terminó la prestación contributiva.

– En ningún momento he rechazado oferta de empleo adecuada ni se ha negado a participar en acciones de promoción, formación o reconversión profesionales.

– Carezco de rentas en los términos establecidos en el artículo 275 de la Ley General de la Seguridad Social.

– Soy trabajador español emigrante que habiendo retornado de [PAÍS] no pertenecientes al Espacio Económico Europeo (o con los que no existe convenio sobre protección por desempleo), acredite haber trabajado como mínimo doce meses en los últimos seis años en dichos países desde su última salida de España

– No tengo derecho a prestación por desempleo contributiva.

VIII.- Las causas de denegación son incorrectas ya que [ESPECIFICAR]. **(6)**

IX.- No existiendo una causa legal para la no concesión de dicho subsidio, procede el abono del mismo.

Por lo expuesto,

SOLICITO A ESTA DIRECCIÓN PROVINCIAL DEL SERVICIO PÚBLICO DE EMPLEO:

Habiendo presentado en tiempo y forma el presente escrito, tenga por interpuesta reclamación previa contra la Resolución de fecha [DÍA] de [MES] de [AÑO] y en su virtud, dicte nueva resolución por la que establezca el derecho al cobro del subsidio de desempleo como emigrante retornado en las condiciones establecidas en la D.A. 57.ª de la LGSS y el art. 11 del Real Decreto 625/1985, de 2 de abril, mientras no concurra una causa legal de extinción del mismo.

En [LUGAR], [DÍA] de [MES] de [AÑO]

[FIRMA]

---

(1) La reclamación previa deberá interponerse ante el órgano competente que haya dictado resolución sobre la solicitud inicial del interesado.

(2) Según proceda especificar: «no pertenecientes al Espacio Económico Europeo», o «con el que no existe convenio sobre protección por desempleo». [Art. D.A 57.ª 1.c) de la LGSS].

(3) Es necesario haber trabajado en los citados países, como mínimo, doce meses en los últimos seis años desde su última salida de España. Los hijos o nietos de emigrantes españoles que por primera vez vayan a fijar su residencia permanente en España, han de haber ejercido la nacionalidad española durante la realización de los doce meses de trabajo. [Art. D.A 57.ª 1.d) de la LGSS].

(4) La reclamación previa deberá interponerse en el plazo de treinta días desde la notificación de la misma.

(5) Consignar según Resolución denegatoria. A modo de ejemplo: «no he acreditado suficientemente haber trabajado como mínimo doce meses en los últimos seis años en dichos países desde mi última salida de España».

(6) Especificar alegaciones según proceda. A modo de ejemplo: «1. Se entenderá cumplido el requisito de carencia de rentas propias en la fecha de la solicitud del alta inicial o de las prórrogas o reanudaciones del subsidio cuando las rentas de cualquier naturaleza de la persona solicitante o beneficiaria durante el mes natural anterior a dichas fechas no superen el 75 por ciento del salario mínimo interprofesional, excluida la parte proporcional de dos pagas extraordinarias»; «me encuentro inscrito y como demandante de empleo y cumplo los requisitos de carencia de rentas o de responsabilidades familiares, desde [ESPECIFICAR]»...

Reclamación previa ante el SPEE ante falta de prórroga de un subsidio por desempleo

Según el art. 276.2 de la LGSS:

> «A los efectos de que se produzca la prórroga del subsidio hasta su duración máxima prevista en el artículo 277, cada vez que se hayan devengado tres meses de su percepción, los beneficiarios deberán presentar una solicitud de prórroga, acompañada de la documentación acreditativa del mantenimiento de los requisitos de acceso. Dicha solicitud deberá presentarse en el plazo de los quince días hábiles siguientes a la finalización del periodo trimestral. Presentada en dicho plazo, el subsidio se prorrogará desde el día siguiente a la fecha de agotamiento del período de derecho trimestral.
>
> En otro caso, el derecho a la prórroga tendrá efectividad a partir del día de su solicitud, siempre que esta se presente dentro de los seis meses siguientes a la fecha del agotamiento del periodo trimestral. Si la prórroga se solicita fuera de este plazo de seis meses, la solicitud será denegada, salvo que, en el último día de este plazo, el solicitante se encontrara realizando trabajos por cuenta propia o ajena, en cuyo caso se ampliará el plazo de solicitud hasta los quince días hábiles siguientes a la finalización del trabajo. En este caso se exigirá que el último cese previo al reconocimiento de la prórroga sea involuntario o constituya situación legal de desempleo».

A LA DIRECCIÓN PROVINCIAL DEL SERVICIO PÚBLICO DE EMPLEO ESTATAL DE [PROVINCIA]

D./D.ª [NOMBRE_PERSONA_TRABAJADORA] **(1)**, mayor de edad, con DNI n.º [NÚMERO], afiliado a la Seguridad Social n.º [NÚM_SEG_SOCIAL] y domicilio a efectos de notificación en [DOMICILIO], ante esta **DIRECCIÓN PROVINCIAL DEL SERVICIO PÚBLICO DE EMPLEO** de [PROVINCIA] comparezco y,

EXPONGO

Que, con fecha [DÍA] de [MES] de [AÑO], recibo la notificación de la resolución dictada por este organismo el día [DÍA] de [MES] de [AÑO], en expediente n.º [NÚMERO], por la que se me niega la prórroga del subsidio de desempleo [ESPECIFICAR] **(2)**; y estimándola no ajustada a Derecho y lesiva para mis intereses, interpongo **RECLAMACIÓN ADMINISTRATIVA PREVIA** a la vía jurisdiccional social, de conformidad con el artículo 71 de la Ley de Jurisdicción Social y en base a los siguientes,

MOTIVOS

PRIMERO. Que en fecha de [FECHA] **(3)** le fue concedido un subsidio de desempleo por el período de [FECHA] a de [FECHA], sobre una base reguladora de [CANTIDAD] euros día.

SEGUNDO. Que por el presente escrito y al amparo de los artículos 274 y 277.1.b) del Real Decreto Legislativo 8/2015, de 30 de octubre, por el que se aprueba el texto refundido de la Ley General de la Seguridad Social, solicita le sea concedida la prórroga trimestral de dicho subsidio, hasta el máximo legal de [ESPECIFICAR] **(4)** meses establecido por el mencionado precepto.

TERCERO. Que todo ello es posible ya que el/la compareciente continúa cumpliendo los requisitos que para el nacimiento y prórroga del derecho al subsidio del derecho al subsidio por desempleo establecidos en el 276 del Real Decreto Legislativo 8/2015, de 30 de octubre, por el que se aprueba el texto refundido de la Ley General de la Seguridad Social.

CUARTO. Que en concreto, las causas de denegación de la prórroga son incorrectas ya que en la resolución del [FECHA] se afirma que [ESPECIFICAR], lo cual no es cierto teniendo en cuenta [ESPECIFICAR].

QUINTO. Que no existiendo una causa legal de extinción de dicho subsidio, procede la continuación del abono del mismo.

Por lo expuesto,

SOLICITO A ESTA DIRECCIÓN PROVINCIAL DEL SERVICIO PÚBLICO DE EMPLEO:

Que habiendo presentado en tiempo y forma el presente escrito, tenga por interpuesta reclamación previa contra el acuerdo resolutorio de fecha [DÍA] de [MES] de [AÑO] y en su virtud, dicte nueva resolución por la que establezca la **prórroga del subsidio de desempleo hasta un período máximo de** [ESPECIFICAR] **(4) meses,** mientras no concurra una causa legal de extinción del mismo.

En [LUGAR], [DÍA] de [MES] de [AÑO].

[FIRMA]

---

(1) Si interviene como representante sustituir por: «En caso de representación por persona física: actuando en su representación D./D.ª [NOMBRE], con NIF [NIF] y domicilio en [DOMICILIO], según acreditación en documento que se adjunta».

(2) Actualmente existen los siguientes tipos de subsidio por desempleo: Subsidio por haber agotado la prestación contributiva por desempleo teniendo (o no) cargas familiares; subsidio por no tener cotización suficiente para el acceso a la prestación contributiva por desempleo; subsidio para emigrantes retornados; subsidio por desempleo para víctimas de violencia de género o sexual; subsidio por desempleo de trabajadores fijos discontinuos, subsidio para mayores de 52 años y subsidio por desempleo para trabajadores agrarios eventuales (subsidio agrario).

(3) El plazo para presentar reclamación es de 30 días hábiles a partir del día siguiente en el que se reciba la notificación de la resolución.

(4) Consignar según el tipo de subsidio y su duración.

Demanda contra el SPEE para reconocimiento de los distintos tipos de subsidios por desempleo

Demanda genérica contra el Servicio Público de Empleo Estatal para el reconocimiento de los distintos tipos de subsidios por desempleo reconocidos actualmente.

Será requisito necesario para formular demanda en materia de prestaciones de Seguridad Social, que los interesados interpongan reclamación previa ante la entidad gestora de las mismas. Formulada reclamación previa, la entidad deberá contestar expresamente a la misma en el plazo de cuarenta y cinco días. En caso contrario, se entenderá denegada la reclamación por silencio administrativo.

La demanda habrá de formularse en el plazo de treinta días, a contar desde la fecha en que se notifique la denegación de la reclamación previa o desde el día en que se entienda denegada por silencio administrativo (art. 71 de la LRJS).

El presente modelo genérico permite la demanda contra SPEE por denegación de subsidio de desempleo, basada en incumplimiento de requisitos legales. Solicita reconocimiento y pago del subsidio.

AL JUZGADO DE LO SOCIAL N.º [NÚM_JUZGADO] DE [PROVINCIA]

D./D.ª [NOMBRE], mayor de edad, en posesión del documento nacional de identidad n.º [DNI], y con domicilio a efectos de notificación en [DOMICILIO], ante el juzgado de lo social comparezco y como mejor proceda en derecho,

DIGO

Que por medio de la presente formulo **DEMANDA EN RECLAMACIÓN DEL RECONOCIMIENTO DEL SUBSIDIO DE DESEMPLEO POR** [ESPECIFICAR] **(1)** contra el **SERVICIO PÚBLICO DE EMPLEO ESTATAL**, con sede en [PROVINCIA], y domicilio en [DOMICILIO] a fin de que sea condenado a tenor del suplico de esta demanda que baso en los siguientes,

HECHOS

PRIMERO.- He prestado mis servicios en la actividad de [ESPECIFICAR] mediante contrato de trabajo por [ESPECIFICAR], pudiendo calificarse tales servicios como [DESCRIPCIÓN], desde el [DÍA] de [MES] de [AÑO] hasta [DÍA] de [MES] de [AÑO] y desde [DÍA] de [MES] de [AÑO] hasta [DÍA] de [MES] de [AÑO].

SEGUNDO.- Solicité el subsidio de desempleo por [ESPECIFICAR] **(1)** el día [DÍA] de [MES] de [AÑO], siéndome denegado en escrito de fecha [DÍA] de [MES] de [AÑO], aludiendo [ESPECIFICAR]. Interpuse reclamación previa que ha sido desestimada por [ESPECIFICAR].

TERCERO.- La resolución que me deniega el solicitado subsidio no ha tenido en cuenta lo siguiente: [ESPECIFICAR]. **(2)**

CUARTO.- Además de cumplir los anteriores requisitos, en la fecha de la solicitud del subsidio: [ESPECIFICAR]. **(3)**

QUINTO.- Que se interpuso la preceptiva reclamación previa **(4)** ante el Servicio Público de Empleo Estatal, con fecha [DÍA] de [MES] de [AÑO], la cual fue denegada por resolución de fecha [DÍA] de [MES] de [AÑO].

A los anteriores hechos son de aplicación los siguientes,

FUNDAMENTOS DE DERECHO

I.- Competencia y jurisdicción

La competencia para el conocimiento de esta pretensión la ostenta el Juzgado de lo Social al que nos dirigimos, tanto por razón de la materia y territorio, así como por la condición de los litigantes, pues así lo establecen los artículos 1 y 2.b), de la Ley 36/2011, de 10 de octubre, reguladora de la jurisdicción social, que regula el procedimiento impugnatorio de sanciones.

II.- Capacidad y Legitimación

La legitimación la ostenta el prestacionista en base al art. 17.1 de la LRJS, donde se establece: «Los titulares de un derecho subjetivo o un interés legítimo podrán ejercitar acciones ante los órganos jurisdiccionales del orden social, en los términos establecidos en las leyes».

En cuanto a la capacidad para ser parte según lo establecido en el art. 16.1 de la LRJS.

III.- Procedimiento

Por tratarse de una materia de seguridad social el procedimiento adecuado será el establecido en los arts. 80 a 101 de la LRJS, con las particularidades establecidas en los arts. 140 y ss. del mismo texto legal.

IV.- Reclamación administrativa previa en materia de prestaciones de Seguridad Social

El art. 71 de la LRJS, donde se establece que será requisito necesario para formular demanda en materia de prestaciones de Seguridad Social, que los interesados interpongan reclamación previa ante la entidad gestora de las mismas.

V.- Plazo para la formulación de la demanda

La demanda habrá de formularse en el plazo de treinta días, a contar desde la fecha en que se notifique la denegación de la reclamación previa o desde el día en que se entienda denegada por silencio administrativo (art. 71 de la LRJS).

VI.- Fondo del asunto

Real Decreto Legislativo 8/2015, de 30 de octubre, por el que se aprueba el texto refundido de la Ley General de la Seguridad Social. Artículos 274, 276 a 280.

Real Decreto 625/1985, de 2 de abril, por el que se desarrolla la Ley 31/1984, de 2 de agosto, de protección por desempleo, en especial sus artículos referidos al subsidio por desempleo del 7 al 12 y 23 y 25.

Real Decreto-ley 2/2024, de 21 de mayo, por el que se adoptan medidas urgentes para la simplificación y mejora del nivel asistencial de la protección por desempleo, y para completar la transposición de la Directiva (UE) 2019/1158 del Parlamento Europeo y del Consejo, de 20 de junio de 2019, relativa a la conciliación de la vida familiar y la vida profesional de los progenitores y los cuidadores, y por la que se deroga la Directiva 2010/18/UE del Consejo.

En relación con el motivo de la denegación por parte del SPEE de la prestación [DESCRIPCIÓN].

Por lo expuesto,

SOLICITO AL JUZGADO DE LO SOCIAL:

Que teniendo por presentada esta demanda con su copia y los documentos adjuntos, se sirva admitirla y darle su trámite oportuno para que, luego de celebrar el preceptivo acto de juicio, se dicte sentencia por la que se declare mi derecho al percibo de las prestaciones básicas de desempleo con efectos del día siguiente al de mi cese en la ocupación antes apuntada hasta tanto se cumplan los plazos legales o encuentre ocupación remunerada condenando al **SERVICIO PÚBLICO DE EMPLEO ESTATAL** a estar y pasar por ello.

OTROSÍ DIGO: adjunto acuerdo denegatorio y copia del escrito de la reclamación previa.

En [PROVINCIA], a [DÍA] de [MES] de [AÑO].

[FIRMA]

---

(1) Tras la reforma operada sobre la LGSS por el Real Decreto-ley 2/2024, de 21 de mayo, encontramos los siguientes tipos de subsidio por desempleo: subsidio por desempleo por insuficiencia de cotización, ayuda familiar, subsidio para mayores de 45 años sin hijos (siempre que hayan agotado una prestación contributiva de 360 días), subsidio para mayores de 52 años, subsidio para emigrantes retornados sin derecho a prestación retributiva, subsidio para liberados de prisión, subsidio por revisión de incapacidad permanente, subsidio para personas trabajadoras eventuales agrarias y subsidio para víctimas de violencia de género o sexual.

(2) Dado que la duración y cuantía está en función de la modalidad de subsidio a que se tenga derecho, ha de especificarse según la pretensión el cumplimiento de los requisitos por los que el SPEE ha denegado el subsidio.

(3) Con carácter general, en la fecha de la solicitud del subsidio, el art. 274.2 de la LGSS exige «(...) no tener derecho a la prestación contributiva por desempleo, no encontrase en supuesto de incompatibilidad y carecer de rentas propias, o bien, alternativamente, acreditar responsabilidades familiares».

(4) Formulada reclamación previa la entidad deberá contestar expresamente a la misma en el plazo de 45 días. En caso contrario, se entenderá denegada la reclamación por silencio administrativo. Tras la denegación, expresa o por silencio administrativo existe un plazo de 30 días para presentar la demanda ante el Juzgado de lo Social.

Disfrute gratuitamente **DURANTE UN AÑO** de los eBook y audiolibros de las obras de Editorial Colex*

- ⊘ Acceda a la página web de la editorial **www.colex.es**

- ⊘ Identifíquese con su usuario y contraseña. En caso de no disponer de una cuenta regístrese.

- ⊘ Acceda en el menú de usuario a la pestaña «Mis códigos» e introduzca el que aparece a continuación:

RASCAR PARA VISUALIZAR EL CÓDIGO

- ⊘ Una vez se valide el código, aparecerá una ventana de confirmación y su eBook y/o audiolibro estará disponible **durante 1 año desde su activación** en la pestaña «Mis libros» en el menú de usuario.

---

* Los audiolibros están disponibles en las ediciones más recientes de nuestras obras. Se excluyen expresamente las colecciones «Códigos comentados», «Biblioteca digital» y los productos de www.vademecumlegal.es.

No se admitirá la devolución si el código promocional ha sido manipulado y/o utilizado.

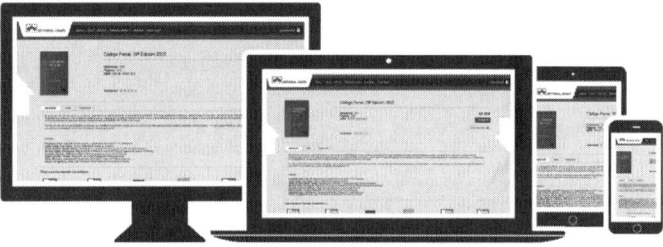

¡Gracias por confiar en nosotros!

La obra que acaba de adquirir incluye de forma gratuita la versión electrónica. Acceda a nuestra página web para aprovechar todas las funcionalidades de las que dispone en nuestro lector.

Funcionalidades eBook

Acceso desde cualquier dispositivo con conexión a internet

Idéntica visualización a la edición de papel

Navegación intuitiva

Tamaño del texto adaptable

Síguenos en: